우리 아이 마음 키우는 법

KODOMONO KOKORONO SODATEKATA by Masami Sasaki
Copyright ⓒ Yoko Sasaki, 2016
Cover & in the text illustrated by Chiaki Okada
All rights reserved.
Original Japanese edition published by KAWADE SHOBO SHINSHA Ltd. Publishers
Korean translation copyright ⓒ 2020 by SISAMUNHWASA
This Korean edition published by arrangement with KAWADE SHOBO SHINSHA Ltd.
Publishers, Tokyo, through HonnoKizuna, Inc., Tokyo, and BC Agency

이 책의 한국어 판 저작권은 BC에이전시를 통해
저작권자와 독점계약을 맺은 시사문화사에 있습니다. 저작권법에 의해
한국 내에서 보호를 받는 저작물이므로 무단전재와 복제를 금합니다.

우리아이 마음 키우는 법

사사키 마사미 아동정신과 전문의
서희경 옮김

시사문화사

"아이에게 있어 가장 중요한 것은
어디에서나 뿌리를 내리고, 꽃을 피울 수 있는
따뜻하고 강한 마음입니다."

시작하며

저는 대학 병원의 아동 정신과와 소아과, 아동복지시설, 지역의료복지시설 등에서 50년 남짓 일해 왔습니다. 아동청년가족의 정신의학 임상에 종사하는 사람으로서, 이 세상의 아이들 모두에게 건강하고 무탈한 날들이 펼쳐지기를 기원하고, 돌보는 일을 생업으로 삼아 왔습니다. 항상 마음속으로 아이들이 건강하고 행복하길 바라며 오랜 세월을 살아오다 보니, 길거리나 전철 안에서 아이들을 마주칠 때마다, 그러한 바람이 한 아이, 한 아이를 향합니다.

아이는 어른, 그리고 사회를 그대로 비추는 거울입니다.

요즘 아이들에게는 이런저런 제한이 많아서인지 자유롭게 기분을 발산하지 못하고 사는 것처럼 보입니다. 아무도 아이의 이야기에 마음을 열고 귀를 기울여 주지 않는 시대가 바로 눈앞에 와버린 것처럼 느껴져서 마음이 아프기도 합니다.

시대의 변화와 함께 아이의 육아를 둘러싼 환경들도 급변하고 있지만, 제가 아동 정신과 의사로서의 인생을 시작한 날부터 현재까지 변하지 않는 진실이 있습니다.

아이의 성장과 발달에는 시대가 변해도 절대로 바뀌지 않는 중요한 가치관이 있다는 것입니다.

이 책에서는 '언제나 변하지 않는 소중한 것'을 가장 중요시하되, 부분적으로는 시대의 변화에 맞춘 새로운 생각과 육아의 방향도 더했습니다.

영유아기부터 사춘기까지의 길고도 짧은 육아 기간, 아이와 함께하시는 모든 분들이 언제든지, 어떤 주제든지 골라 읽어도 도움이 되길 바라는 마음으로 이 책을 썼습니다.

가만히 옆에 두고, 아이 성장의 중요한 단계마다 꺼내서 읽어 주시기 바랍니다.

어머님, 아버님.
아이를 과잉보호하는 것을 두려워하지 말고, 최선을 다해 애지중지하며 키워주세요. 착하게 행동할 때만 예뻐하는 것이 아니라, 매 순간을 항상 사랑해 주세요.
아이는 사랑받는 만큼, 좋은 아이가 됩니다.

이 책이 부모님의 일상생활과 육아에 조금이라도 도움이 되고, 아이의 행복으로도 이어지기를 진심으로 바랍니다.

우리 아이 마음 키우는 법

차례

시작하며　　　　　　　　　　　　　　　　　　　007

마음 성장 01　　　　　　　　　　　　　　　　016
토대는 건축에서도,
교육에서도 제일 중요한 부분입니다.
그리고 가장 고치기 어렵습니다.

마음 성장 02　　　　　　　　　　　　　　　　021
화장실 훈련 시,
지나친 꾸중과 과장된 칭찬
모두 아이의 자립을 방해합니다.

마음 성장 03　　　　　　　　　　　　　　　　025
'야단을 맞아도 금방 잊는다'
'실패해도 계속 반복한다'
이것은 유아기 아이들의 큰 장점입니다.

마음 성장 04　　　　　　　　　　　　　　　　031
아이의 반항은 기뻐해야 할 일입니다.
'아니야~'가 시작되면
'드디어 왔구나'라는 마음으로,
아이의 성장을 기대하고 지켜봐 주십시오.

마음 성장 05   035
'무엇이든지 혼자 할 수 있게 되는 것'이
자립이 아닙니다. 타인과 조화를 이루며
주체적으로 살아가는 것이 진정한 자립입니다.

마음 성장 06   040
아이가 바라는 것을 다 주는 것은 과잉보호
부모가 바라는 것만 주는 것은 과잉간섭

마음 성장 07   045
돈으로 물건을 사주기보다,
순수 정성을 다해 키워주세요.
애지중지 키운다고 아이가 잘못되는 경우는
절대 없습니다.

마음 성장 08   050
어렸을 때의 '장래의 꿈'은
황당무계해도 상관없습니다.
'자기긍정감'을 가진 아이는 곧
현실적인 꿈을 착실히 실현해 갑니다.

마음 성장 09   054
건강한 경쟁심과 협조성을 키우기 위해서
집에 친구를 자주 초대하고,
친구네 집에도 자주 놀러 가는 것이 좋습니다.

마음 성장 10　　　　　　　　　　　　　　　　　059

'혼자 무엇인가에 몰두하는 것'이
근면은 아닙니다.
근면은 동료와의 관계 속에서 역할과 책임을
완수하기 위해 노력하는 것입니다.

마음 성장 11　　　　　　　　　　　　　　　　　064

장점을 최대한 많이 언급해 주세요.
단점이나 결점은 나중에
조금만 노력하면 됩니다.

마음 성장 12　　　　　　　　　　　　　　　　　068

분업에서 가치의 경중을 알게 되는 순간부터
마음에 차별 의식이 생겨납니다.
사람이 살아가는 데 있어 슬픈 일이지만,
피하기 어려운 본성이기도 합니다.

마음 성장 13　　　　　　　　　　　　　　　　　073

차별감이 싹트는 것은 어쩔 수 없지만,
중요한 것은 그것을 넘어선
인간의 진실한 가치,
동정이 아닌 진정한 평등을 이해할 수 있도록
교육하는 것입니다.

마음 성장 14　　　　　　　　　　　　　　　　　077

'착한 아이'란 어른에게 있어서
'편한 아이' 입니다.
착한 아이니까 예뻐하는 것이 아니라
예뻐하니까 착한 아이가 되는 것입니다.

마음 성장 15   082
아이는 부모를 보면서,
자연스럽게 사회성을 배웁니다.
가정이 고립되지 않도록,
사회화하는 것이 매우 중요합니다.

마음 성장 16   086
'내 아이만 잘 크면 된다'는 것은
있을 수 없습니다.
주위 친구들과 함께 성장해야 좋은 것입니다.

마음 성장 17   091
동물에 대한 애정이 각별한 아이 중에는
외로운 아이가 많습니다.

마음 성장 18   095
세상에서 가장 '순수에 가까운 사랑'은
자식을 사랑하는 부모의 마음입니다.

마음 성장 19   100
치열한 학력 경쟁의 환경 속에 놓여 있어도,
부모가 자녀에게 '성적보다 소중한 가치'를
가르친다면
아이는 건강하게 성장합니다.

마음 성장 20   104
부모의 고독이
자녀에 대한 과잉기대, 과잉간섭, 체벌로
연결되는 경우가 적지 않습니다.

마음 성장 21 109
맞벌이 가정에서
아버지와 어머니의
'자연스러운 역할'을 무리하게 없애고
동등하게 만들지 않는 편이 좋습니다.

마음 성장 22 113
한부모 가정의 어머니는
때로는 지나치게 '부성적(父性的)'이
되는 경우가 있습니다.
우선 모성적(母性的)인 것을 충분히 주십시오.

마음 성장 23 118
서로 깊게 의존하는 부부라면
떨어져 지내도, 자녀가 없어도, 동성이라도
그 자체로 건강한 관계입니다.

마음 성장 24 122
사람을 존경하는 마음,
공감하는 마음이 없으면
선인(先人)의 훌륭한 업적을
계승할 수 없습니다.

마음 성장 25 127
창조성과 독창성은
'모방'으로부터 태어납니다.
아이에게 '다른 사람을 따라 하지 말라'고
가르칠 필요는 없습니다.

마음 성장 26   131
자주성과 주체성이 있어서
모방할 수 있고,
창조성을 발휘할 수 있는 것입니다.

마음 성장 27   135
초등학교 쉬는 시간과 방과후는
인생에서 가장 소중한 것을
배우는 귀중한 시간입니다.

마음 성장 28   140
자신이 타인에게 어떻게 보이는지,
필사적으로 탐구하는 것이 사춘기입니다.
거울을 계속 보는 것도, 연애에 빠지는 것도,
당연한 현상입니다.

마음 성장 29   145
연애란 자신을 사랑하는 감정입니다.
큰 실연을 겪더라도,
보석을 하나 잃은 정도입니다.

마음 성장 30   150
영유아기에 놓쳤기 때문에
'이미 늦었다' 라는 것은 없습니다.
몇 살이든지 다시 할 수 있고,
그렇게 해야 합니다.

마치며   154

마음 성장 01
....

토대는 건축에서도,
교육에서도 제일 중요한 부분입니다.
그리고 가장 고치기 어렵습니다.

어떤 의미에서 인생은 다양한 사람들을 만나고, 취미를 즐기고, 직업에 종사하고, 여러 경험을 거치면서 인격을 형성해가는 여행일지도 모릅니다.

다만, 인격은 기반을 조성하는 시기가 정해져 있고, 만약 인격 형성에 실패하면 살아가는 데 있어 여러 가지 문제를 초래할 수 있습니다.

인격의 영어 표현인 Personality의 어원은 개인을 뜻하는 Person입니다. '인격은 개인으로서의 그 사람 고유 모습'을 의미합니다. Personality와 자주 혼동되는 말로 character

가 있습니다.

　character는 성격을 뜻하며, '성격은 사람마다 가지고 있는 각자의 색깔'과 같은 것입니다. 성격은 색깔처럼 짧은 시간 안에도 다양하게 칠하고, 변화도 줄 수 있지만, 인격은 평생에 걸친 개개인 고유의 인간을 형성, 그 자체를 의미합니다.

　인격을 건축물에 비유해 생각해 봅시다. 우선 건축은 먼저 콘크리트 기초인 토대를 만듭니다. 토대 위에 기둥을 세우고 바닥을 깔고 지붕을 올리고 벽을 바르고, 마지막에 카펫을 놓고 가구를 넣으면 완성입니다.

　인격 형성도 건축 순서와 비슷합니다. 가장 중요한 것이 토대입니다. 토대 다음에 이루어지는 바닥이나 벽 등의 공정은 다시 고칠 수 있습니다. 특히 가구를 교체하는 것은 정말 간단합니다.

　'나중에 다시 할 수 있는 부분' 중 가장 쉬운 것이 교육 과정 후반에 놓여있는 대학 교육입니다. 어떤 사람들은 두세 개의 다른 대학에 새로 입학하거나, 복수 전공으로 졸업하기도 합니다.

그러나 고등학교, 중학교, 초등학교로 거슬러 올라갈수록 다시 하기가 점점 쉽지 않습니다. 안 되는 것은 아니지만, 뒤로 갈수록 어려워진다는 것입니다.

훌륭한 건축물이 될지, 불안한 건축물이 될지는 토대에서 이미 결정됩니다.

좋은 인격이 될지, 불안정하고 위험한 인격이 될지는 토대를 만드는 시기에 달려 있습니다. 나중에 절대 고칠 수 없는 것은 아니지만 인격의 토대가 불안정하면, 기초 공사 부실로 인해 고치기 힘든 건축물과 마찬가지로 수정하기가 매우 어렵습니다.

따라서, 건강한 인격의 토대를 만들기 위해서는 인간 발달의 초기 단계인 영유아기의 육아가 중요합니다. 특정 시기는 중요하고, 그 외는 중요하지 않다는 것은 아니지만, 영유아기의 초기인 1~3세가 특히 중요합니다. 그래서 저는 '세 살 버릇 여든까지 간다' 라는 속담은 인생에 대한 깊은 진실이 담겨 있는 함축적인 말이라고 생각합니다.

인격 형성은 일생에 걸쳐 계속되지만, 그 토대를 만드는 것은 3살까지입니다. 그리고 토대를 쌓는 데 있어서 가장 중요한 곳은 바로 가정입니다. 유치원에 다니기 전의 나이이므로, 가정이야말로 개별성을 지닌 인격의 토대를 만드는 출발지입니다.

아이가 주체적인 삶을 영위하도록 해주는 개별성과 개성이 만들어지는 곳은 가정입니다. 어린이집이나 유치원, 초등학교는 가정에서 만큼의 '개별성'을 가르쳐 주지 않습니다. 학교 고유의 특성 같은 것이 있을 수 있지만, 딱 그 정도입니다. 따라서 가정의 역할이 가장 큽니다.

어린이집이나 유치원은 가정에서 만든 토대 위에 천천히 기둥을 세우고 바닥을 까는 곳이라고 생각하면 됩니다. 초등학교에서 벽을 쌓고, 중학교에서 지붕을 올리고, 고등학교에서 실내장식을 꾸밉니다. 대학이나 대학원 등은 가구나 외장 마감 정도입니다. 겉보기는 화려해지지만 언제라도 바꾸고, 고칠 수 있습니다.

중요한 것은 인격의 토대를 만드는 영유아기라는 것을 잊지 말아야 합니다.

마음 성장 02

화장실 훈련 시,
지나친 꾸지람과 과장된 칭찬
모두 아이의 자립을 방해합니다.

미국의 저명한 정신 분석가이자 발달심리학자인 에릭슨(Erik Homburger Erikson, 1902~1994)은 아동 발달의 시기와 순서를 매우 획기적인 형태로 분류하고 정리한 사람입니다. 에릭슨은 '기본적 신뢰감'이라는 말을 사용하였는데, 에릭슨이 말하는 기본적인 신뢰감이란 타인과 자신을 믿는 힘을 의미합니다. 아이의 마음에 기본적 신뢰감이 자리를 잡게 되는 과정은 매우 중요합니다. 아이는 주변 사람 중에서 자신을 믿어주는 사람을 만나게 되고, 그것을 계기로 신뢰감을 경험하게 됩니다.

생후 12개월에서 18개월까지를 '절대적 의존기'라고 합니다. 이 시기는 주변 세계에 대한 신뢰감의 토대가 만들어지고, 자신감과 자립심으로 이어지는 중요한 단계입니다.

신체 근육이 급격히 발달하는 단계인 2~3세, 넓게는 1~3세는 배변 습관을 익히는 시기이기도 합니다. 이때, 자신의 충동과 감정을 조절할 수 있는 '자율심(自律心)'을 학습하게 됩니다.

자율심(自律心)이란 자기의 의지로 자신의 행동을 통제하고 제어하는 마음입니다. 즉, 스스로 정한 규범이나 기준에 의해 자신의 행동을 통제·제어하면서, 올바른 방향으로 향하려는 마음의 기능입니다.

화장실 배변 훈련 단계와 겹치는 이 시기에 아이가 자신의 행위에 대해서 꾸중을 듣는 등 부정적인 '나쁜 생각'을 과도하게 경험하면, 자신의 존재 자체를 '수치'라고 인식하게 되고, 존재 가치에 대한 의혹의 감정이 생겨날 수 있습니다. 예를 들면 화장실 배변 훈련에 실패했을 때 '부모님이 정말 못마땅해했다, 나쁜 짓이라고 혼냈다, 불결하고 좋지 않은 일이라고 몇 번이나 말했다' 등의 경험을 하는 것을 말합니다. 매우 엄격한 예의범절에 의해 몸에 익혀진 것은 겉보기의 향상, 즉 '거짓 전진'을 시키게 됩니다. 본래 화장실에서 배설하면 '기분이 좋고 쾌적하다'라는 감정을 누려야 하는데, 그것을 스스로 느껴보기 전에 부모의 칭찬을 받기 위해 하게 되어 버리는 것입니다. 이러한 '거짓 전진'을 알게 된 아이는 후에, 손가락을 빠는 등의 퇴행 행동이 나타나기도 하고, 적대감이나 공격적인 감정을 내재시키고 있을 수도 있습니다.

문제가 가시화되기 전까지는 매우 착하고, 순종적으로 보이는 아이가 많습니다. 그러나 성장의 어느 단계에서 갑자기 등교 거부, 거식증 등의 문제를 일으킬 수도 있습니다. 그러니 부디, 아이가 기저귀나 속옷을 더럽혀도 '싫어, 안 돼, 더러워'라고 말하거나, 얼굴을 찡그리며 야단치지 않았으면 합니다.

배설뿐만 아니라 자신의 의지와 선택으로 매사를 결정하도록 긍정적인 지원을 받으며 자란 아이는 주변 세계와 스스로에 대한 좋은 감각 즉, 선한 감각에 익숙합니다. 그것은 자율과 자립의 태도, 또는 건강한 자부심의 기초를 몸에 익힐 수 있다는 것을 의미합니다.

주의해야 할 점은, 잘했을 때 과장된 칭찬을 하는 것도 좋지 않다는 것입니다. 왜냐하면, '과장된 칭찬'은 반대로 실패했을 때, 부모가 얼마나 실망할지를 가르치는 것과 같기 때문입니다. 화장실 훈련의 경우, 성공하게 되는 것은 그 시기가 빠르건 늦건 아주 당연한 일이기 때문에, 한 번 할 수 있었다고 해서 극단적으로 칭찬하는 것은 오히려 좋지 않습니다. 모르는 척할 수는 없으니, 지극히 평범하게 칭찬해 주십시오.

지금은 앞으로 아이가 성장해서 양자택일을 강요당하는 인생의 갈림길을 마주할 때마다 스스로 결단을 내리는 힘의 기초를 다지는 훈련 시기입니다. 화장실 훈련은 지금까지 더럽지도, 아무렇지도 않았던 자신의 배설물을 화장실까지 가서 버린다는 것이 '직접 해보니 신기하게도 정말 기분이 좋은 일이구나' 라고 스스로 깨닫게 하는 대표적인 과정입니다. 따라서 부모의 무리한 강제나 극단적인 칭찬으로 아이의 성장을 유도하는 것은 건강한 자율성과 자립심을 방해하는 것일 수 있습니다.

마음 성장 03

'야단을 맞아도 금방 잊는다'
'실패해도 계속 반복한다'
이것은 유아기 아이들의 큰 장점입니다.

대체로 화장실 훈련이 끝나는 3세 후반 무렵이 되면, 아이들은 매우 활발하게 활동하기 시작합니다. 아이가 넘치는 생기와 왕성한 호기심으로 탐색 활동을 개시하는 모습을 보면, 부모로서는 행여나 다치지 않을지, 길을 잃고 미아가 되진 않을지 걱정이 앞서면서도, 한편으로는 아이가 성장한 모습에 대견하다는 감정을 느낄 것입니다.

주변에 대한 '절대적 의존기'와 '자율심'이 싹트는 시기를 거치고 나면, 영유아기 최초로 왕성한 활동의 장이 열립니다. 이 시기는 풍부하고 자발적인 감성을 소유한 아이가 되느냐, 왠지 모를 죄책감을 안고 있는 아이가 되느냐를 결정하는 분기점 중 하나입니다. 충분한 의존 경험을 누린 후, 자율심이 자란 아이는 3세 후반 즈음 '자발성'을 마음껏 발휘하는 단계로 자연스럽게 넘어갑니다.

태어나자마자 1세~1세 반 즈음에 주변 사람에 대한 기본적인 신뢰감을 몸에 익히고, 3세를 넘기면서 자율심을 키우게 됩니다. 그런데 자율심을 자연스럽게 익혀야 할 시기에 아무 이유 없이 자신의 행동을 부끄럽게 여기거나, 스스로 자기의 가치를 의심하는 등, 자신에 대한 '수치'나 '의혹'의 감각을 마음속에 뿌리내린 아이도 있습니다. 때가 되지도 않았는데 아이에게 '자율심'이나 '주체성'을 미리 가르치겠다며, 엄하게 훈육하거나, 울어도 일부러 안아주지 않는 것은 잘못된 양육 방식입니다. 그것은 오히려 완전한 역효과를 가져온다는 것을 명심해야 합니다. 아이의 발달에 있어서 '월반'은 없습니다. 어떤 아이라도 필요한 단계를 건너뛰어서는 바르고 건강하게 성장할 수 없습니다.

예를 들어 아이가 울면 바로 달려가 안아주는 것처럼

아이 요구에 무조건 응해주는 것을 반복하다 보면 아이에게는 자신과 타인에 대한 '절대적 신뢰감'이 생기게 됩니다. '절대적 신뢰감'이 없으면 '자율심'이 자라지 않고, '자율심'이 없으면 '자발성'이나 '주체성'도 생기지 않습니다.

아이가 활발히 활동하기 시작했다면, 무리한 제한을 두지 않아야 합니다. 아이의 행동 범위는 자연스럽게 공원, 친구 집, 이웃 마을로 점점 확대될 것입니다. 만약 그렇지 않다면 이상이 있는 것입니다. 위험 요소가 없다면 활동 범위를 점점 넓혀 주십시오. 이 시기의 아이를 간단히 정의한다면 '지칠 줄 모르는 어린아이'라는 말이 적당할 것 같습니다.

이 시기의 아이들은 힘이 남아돌아 에너지를 마구 분출하는 것처럼 보입니다. 아무 의미 없이 마구 달리고, 조금 높은 곳을 발견하면 반드시 올라가고, 계단에 올라갈 일이 없는데도 마구 뛰어 올라갔다가 뛰어 내려오고, 남의 집 벨을 울리고 도망가고, 버려진 물건이나 벌레를 주워오기도 하고, 심지어는 길 잃은 동물을 집에 데려오는 등 제어할 수 없는 행동들이 늘어갑니다.

 그리고 또 하나의 큰 특징은 '야단을 맞아도, 실패해도, 바로 잊어버리는 장점'을 가지고 있다는 것입니다. 이것은 정말 훌륭한 장점입니다. 아무리 꾸짖어도 같은 행동을 반복하고, 잘못을 저질러 놓고 다음 날 아무렇지도 않은 모습에 분개할 필요는 없습니다. 그것은 아이가 정말 건강하게 자라고 있다는 증거입니다.

 유아기 아이는 신체를 움직여서 사물을 느끼고 이치를 터득합니다. 몸을 움직이지 않으면 지혜도 생기지 않습니다. 뛰어내림으로써 높이의 개념을 깨닫고, 물건을 던지거나 들어 올리는 것으로 무게와 강도를 깨우칩니다. 넘어지고 부딪히면서 아픔에 대해서도 느끼게 됩니다. 따라서 아이들의 에너지 분출은 좋은 현상입니다. 무엇보다도 작은 실패를 반복함으로써 '돌이킬 수 없는 실패'를 피할 수 있게 됩니다.

 잘못한 것이나, 꾸중 들은 것을 '잊는 힘'이 있어서 작은 실패를 반복할 수 있는 것입니다.

 일상적으로 부모로부터 자주 야단을 맞고, 행동 범위가

제한되고, 강한 지시나 명령을 받는 아이는 꾸중을 들은 것이나 실패한 것을 잊을 수 없게 됩니다. 그리고 점점 위축되고, 의욕과 자신감이 없는 아이가 되어갑니다.

마음 성장 04

아이의 반항은 기뻐해야 할 일입니다.
'아니야~'가 시작되면
'드디어 왔구나' 라는 마음으로,
아이의 성장을 기대하고 지켜봐 주십시오.

딱 한 번 있었던 일, 야단맞았던 것을 절대 잊지 않고, 기억하는 아이가 있다면 그것은 거의 말도 안 되는 일로 아이의 마음에 병이 있는 상태입니다.

건강한 아이라면 바로바로 잊고, 실패를 반복함으로써 배워야 하기 때문입니다.

예를 들어 집에 손님이 방문했을 때, 똑바로 인사하라고 부모님에게 지적을 받은 아이가 있다고 칩시다. 지적을 받은 후 한 번에 알아듣고, 다음에 손님이 방문했을 때는 스스로 나와서 제대로 인사할 수 있는 아이는 거의 없습니다. 일반적으로 대부분의 아이는 매번 '얘야, 똑바로 인사해야지'라고 말하지 않으면, 제대로 된 인사를 하지 못합니다. 이것이 건강한 상태입니다. 부모의 손님에게 자발적으로 인사하고 싶어 하는 아이는 보통 없습니다. 스스로 인사할 수 있게 되는 것은 사춘기 이후로, 그때도 인사를 하지 못하면 문제겠지만, 유아기에 제대로 인사를 한다면 이쪽도 꽤 큰 문제입니다.

부모님 관점에서 이것은 문제가 아니라고 생각하고 싶을 것입니다.

크고 나서 몸에 익혀야 할 것을 어릴 때부터 할 수 있게 되면 부모는 '매우 훌륭한 아이'라고 오해하는 경향이 있습니다. 하지만 어릴 때는 어린 시기에만 할 수 있는 일이 있고, 그것을 제대로 경험해야 합니다. 부모님의 욕심 때문에 그 기회를 놓쳐선 안 됩니다.

호기심과 활력이 넘치는 3살 무렵의 아이는 신체 내부에 간직한 에너지가 항상 활발하게 활동하고 있습니다.

그 활발함을 지켜보는 쪽은 그냥 잠자코 보고만 있을 여유가 없습니다. '그것은 위험해서 안 된다, 다른 사람에게 폐를 끼치면 안 된다' 등 때때로 꾸짖고, 주의를 주지 않으면 안 됩니다.

꾸지람은 금방 잊혀질 수 있을 정도로 하는 것이 좋습니다. 수위를 조절하는 것이 꽤 어려운 일일 수는 있지만, 아이 마음에 기억되어서, 다음 행동을 주저하게 할 정도로 혼내서는 안 됩니다.

다르게 표현하자면 아이의 자존심이 상할 정도로 꾸짖으면 안 됩니다. 아무리 나이가 어린 아이라도 자존심에 상처를 주는 꾸지람은 되도록 하지 말아야 합니다.

아이가 자발적이 된다는 것은 반항적이 된다는 것이기도 합니다.

부모님은 아이의 첫 반항에 놀라 '전에는 착한 아이였는데'라며 변한 모습을 걱정할지도 모르지만, 반항하지 않는 쪽이 훨씬 걱정입니다. 반항적일 수 있다는 것은 자발성이 제대로 자란다는 것이므로 사실 기뻐해야 할 일입니다. 반항의 시기가 끝나면, 반드시 주체성을 가진 성숙한 인격체를 만날 수 있습니다. 성숙하기 전의 폭풍이 큰 만큼, 비약적인 성장이 기다리고 있을 것입니다.

물론 아이의 도리에 어긋난 반항에 영합해 손을 놓고 보고 있으라는 것은 아닙니다. 꾸짖어야 할 것은 꾸짖되, '지금은 반항기일 뿐이다. 이후의 성장을 기대한다' 라는 마음의 여유와 온화함을 가지고 있어야 합니다. 물고기를 낚을 때의 강렬한 당김과 같습니다. 그 '손맛'을 즐기는 정도가 좋습니다. 억지로 당기면 줄은 끊어지기 마련입니다.

'아니야~' 라는 말대답에도 어느 정도 장단을 맞춰주고, 자식을 사랑하는 온화한 마음으로 저항을 즐기면서 동의해주는 것이 좋습니다. 물고기는 기술만으로도 낚을 수 있지만, 아이의 성장은 기술만으로는 안 됩니다.

마음 성장 05

'무엇이든지 혼자 할 수 있게 되는 것'이
자립이 아닙니다. 타인과 조화를 이루며
주체적으로 살아가는 것이 진정한 자립입니다.

자립이란 고립되어 산속에서 은둔생활을 하는 것이 아닙니다. 사회 속에서 주체성과 협조성을 가지고 살아가며, 주체성과 협조성의 균형이 잘 잡혀있는 상태가 자립입니다.

살다 보면 남에게 의지할 수도 있고, 부탁할 수도 있습니다. 자기와 상대의 개성이나 능력을 따져보면서 균형 잡힌 행동을 취하는 것이 자립이지, 어떤 일이든 혼자 해내는 것이 자립이 아닙니다.

부모의 관점에서 아이의 자립이란 아무래도, 기저귀를 졸업하고 화장실에 혼자 갈 수 있게 되는 것, 식사나 옷 입기를 스스로 할 수 있게 되는 것을 떠올리게 되므로 '혼자서 할 수 있게 되는 것'을 자립이라고 생각하기 쉽습니다. 하지만, 사회에서 말하는 진정한 자립형이란 주변 사람과 조화를 이루면서, 무엇인가를 위해 행동할 수 있는 사람을 말합니다.

사람과의 관계 속에서 주체성을 발휘하기 위해서는 다른 사람을 믿고, 자신을 믿을 수 있어야 합니다. 그러려면 아이가 태어나서 제일 처음 만나는 타인인 부모를 믿고, 부모와 건강한 인간관계를 가지는 것이 무엇보다도 중요합니다.

부모가 아이의 희망을 있는 그대로 받아들여 주면 아이는 스스로 '자신은 가치가 있는 사람이다'라고 느끼게 됩니다. 반면에 항상 '이건 안 돼, 하지 마' 등과 같이 안 된다는 말을 계속 듣게 되면, 자신의 존재 가치를 매우 작게 느끼게 됩니다.

사랑의 채찍이라는 말이 있습니다. 그런데, 정말로 사랑하는 사람에게 채찍이 필요한 것일까요? 저는 의문입니다. 아이는 우선 무조건 받아들여짐으로써 자신이 정말로 사랑받고 있다는 것을 알게 되고, 그 사람을 신뢰하게 되며, 자기 자신의 가치를 실감하고, 그것으로부터 다른 사람들도 믿을 수 있게 되는 것입니다.

사람에 대한 불신감, 공포심, 경계심의 강도는 기본적으로 자신의 욕구를 얼마만큼 인정받아 왔는가에 따라 결정됩니다. 불신감이 너무 강하면 다른 사람과 조화를 이루면서 주체성을 발휘하기 어렵습니다. 아무리 공부를 잘해도 그것만으로는 자립하기 위한 힘을 키우지 못합니다.

자립과 고립은 전혀 다릅니다. 뭐든지 혼자서 하는 것은 자립이 아닙니다. 그러니 아이에게 '혼자 할 수 있어야 한다' '이제부터 엄마는 도와주지 않을 거야'라고 하지 말고, 천천히, 충분하게, 정성을 다해 도와주십시오.

부모가 뭐든지 다 결정하지 말고, 일부는 시간이 걸리더라도 아이 본인이 결정하도록 기회를 주는 것이 좋습니다. 스스로 자기 일을 결정한다는 것은 자기 자신을 조절하고, 자신의 충동을 제어할 수 있다는 것입니다. 그리고 부모는 참을성 있게 기다려 주는 것입니다.

중요한 것은 여러 번 전달해주면 됩니다. 언제부터 그것을 실행할 수 있게 될지는 아이마다 다릅니다. 제대로 자립하는 아이일수록 시간이 오래 걸릴 수 있습니다. 그러니 기다려 주세요.

부모에게 반항할 때도 있겠지만, 그것은 자신이 상대방에게 얼마나 받아들여지고 있는지를 확인하는 행위이며, 동시에 자신이 주체적인 행동을 할 수 있는지를 확인하려는 행위입니다.

의존과 반항을 충분히 하지 않은 아이는 자립할 수 없습니다. 그렇다고 해서 아이의 의존과 반항을 그냥 방관하지 말고, 정성을 다해 주십시오.

화초를 좋아하는 사람은 아무리 손이 많이 가더라도 '지금 빨리 꽃을 피워라' 라며 무리하게 강요하지 않고, 단지 꽃이 피기를 기대하고, 소중하게 정성을 다하면서 기다립니다.

여러모로 노력하고, 연구하고, 즐기십시오. 육아가 고생이라고 생각할 때도 있겠지만, 사실 육아만큼 즐겁고, 큰 기쁨을 주는 것도 없습니다.

마음 성장 06

아이가 바라는 것을 다 주는 것은 과잉보호
부모가 바라는 것만 주는 것은 과잉간섭

육아에 있어서 과잉보호를 걱정할 필요는 없습니다. 과잉보호는 아이가 바라는 것을 과하게 주는 것입니다. 그것보다 피해야 하는 것은 과잉간섭입니다. 왜냐하면, 과잉간섭은 아이가 바라는 것이 아니기 때문입니다.

원래 인간은 본능적으로 매우 강한 포부를 가지고 태어납니다. 그래서 내버려 두어도 스스로 발달할 수 있습니다. 아기는 가르치지 않아도, 목을 가누고, 뒤집고, 앉고, 기어 다니고, 일어서고, 머지않아 혼자 걷게 됩니다. 중추신경에 장애가 있을 때는 특별한 훈련이 필요하지만, 그렇지 않은 경우라면 훈련이나 지도를 하지 않아도 생활에 필요한 행동 능력을 스스로 몸에 익혀 갑니다.

육아란 아이의 지극히 자연스러운 성장능력과 발달능력을 보조해 주는 것입니다.

 부모가 무리하게 경쟁심이나 포부를 심어 주지 않아도, 자연스럽게 아이는 무엇인가에 지지 않으려고 열심히 노력할 것입니다. 아이의 자연스러운 감정을 최대한 발휘하도록 지지해주는 것이 육아의 핵심입니다.

 이럴 때 '과잉보호'라든지 '과잉간섭'이라는 말이 자주 등장하곤 합니다. 둘 다 안 좋은 것이라는 인식이 있지만 사실, 이 둘은 완전히 다릅니다. 아이가 원하는 대로 뭐든지 해주고 싶은 것이 '과잉보호'이고, 아이가 원치 않지만, 부모가 일방적으로 '이러는 편이 좋다'고 생각하고 결정하는 것이 '과잉간섭'입니다.

 '아이가 원하는 대로 다 해주거나, 너무 많이 주는 것은 나쁘다' '어찌 됐건 아이의 말을 너무 들어주면 의존심이 강해져 자립할 수 없게 된다'라는 의견을 종종 듣습니다.

 하지만 저는 그렇게 된 경우를 실제로 본 적이 없습니

다. 언뜻 그렇게 보이는 사례도 들여다보면 결국 과잉보호가 아니라 과잉간섭의 결과입니다. 아이에게 지나치게 간섭한 후에 보호적인 태도를 취한 경우가 대부분입니다.

부모의 과잉간섭을 받으면 아이는 욕구불만이 되고 맙니다. 강한 불만 상태에 놓인 아이는 자립을 하지 못하고, 결국 부모는 육아에 지치게 됩니다. 이와 같은 사례로 상담을 요청하는 부모에게 저는 항상 '좀 더 아이가 원하는 것을 들어주세요' 라고 조언합니다.

그전까지는 과잉간섭을 하던 부모가 아이에 대해 수용적이고 보호적인 육아로 전환을 하면, 아이가 아기로 돌아간 것 같은 행동을 하는 경우가 가끔 있습니다. 부모는 아이가 퇴행 현상을 일으켜, 마치 이전보다 못하게 되었다고 생각할 수도 있습니다. '간섭하지 않고, 아이가 바라는 것을 들어주다 보니 아이가 자꾸만 아기처럼 행동해요. 역시 과잉보호는 안 되는 거 아닐까요?' 라고 걱정하며 상담을 요청하는 부모도 있습니다.

하지만 그것은 괜한 노파심입니다.

아이가 이전 단계에서 안정적으로 자립을 시작하지 못

했기 때문에, 몇 살인지에 상관없이 한 번은 유아기로 되돌려 천천히 아이를 안정시키고 나서, 자립을 다시 시작하게 하는 편이 훨씬 낫습니다.

아이가 몇 살이든지, 부모의 수용적인 태도로 인해 아이의 행동이 아기로 돌아갔다고 걱정하거나 거부할 필요는 전혀 없습니다.

마음 성장 07

돈으로 물건을 사주기보다,
손수 정성을 다해 키워주세요.
애지중지 키운다고 아이가 잘못되는 경우는
절대 없습니다.

과잉보호를 우려하는 부모의 대부분은 간섭하고 싶어 하는 유형입니다.

이 유형의 부모는 보호적 육아를 하면 아이가 성장하지 못하고 언제까지나 아기인 채로 남는다고 생각하는 경향이 있습니다. 그래서 일방적으로 아이에게 '좋다'고 생각하는 것을 주고, '도움이 된다'고 생각하는 것을 가르치려고 합니다.

아이가 원해도 여러 가지 이유로 부모가 좋지 않다고 생각하는 것은 절대 주지 않고, 아이가 하고 싶어 해도 부모가 시키고 싶지 않은 것은 모두 금지합니다. 조금이라도 몸에 안 좋을 것 같은 음식은 못 먹게 하고, 조금이라도 다칠 염려가 있는 운동은 못 하게 하고, 위험하거나 더러운 것은 절대 만지지 못하게 하고, 장래 아이 진로에 도움이 될 만한 것이 아니면 가르치지 않는 것입니다.

부모가 아무리 '아이를 위해서'라고 생각해도, 이는 '부모가 바라는 것' 일뿐입니다. 부모의 시선에서 보면 아이가 원하는 것은 위험하고, 쓸모없고, 몸에 해로운 것일지 모릅니다. 하지만 이 모든 것을 전부 금지하면, 아이의 세계는 정말로 따분하고 지루해집니다. 호기심 덩어리인 아이를 욕구불만으로 만들어 주는 결과가 되어 버리는 것입니다.

물론, 정말로 위험한 것이나, 다른 사람에게 폐를 끼치는 것, 나쁜 일은 하면 안 된다고 가르쳐야 합니다. 하지만 그 외는 어떤 요구든 들어주는 것이 좋습니다.

보호적으로 아이를 키운다는 것은 부모의 희망이 아닌, 아이의 요구에 응하는 육아를 한다는 것입니다. 아이는 타고난 발달 능력을 발휘하여 성장합니다. 그런데 소나무 분재를 가꾸듯 무리하게 가지를 치고 비트는 것은 과잉간섭입니다. 햇볕, 물, 적당한 비료를 식물이 원하는 대로 주고, 지켜보는 것이 좋은 것입니다. 아이는 식물처럼 '물을 원한다, 햇볕을 쬐고 싶다, 비료를 원한다'라고 호소할 것입니다.

예를 들면 '안아 달라' '공원에 가고 싶다' '놀고 싶다' '장난감을 바꿔 달라' '관심을 가져달라' '과자 먹고 싶다' '싫어하는 반찬은 먹기 싫다' '욕조에 들어가기 싫다' '잠들 때까지 같이 있어 주면 좋겠다' '유치원 가기 싫다'와 같은 것들입니다. 단, 요구하지도 않았는데 물을 너무 많이 주거나, 비료를 너무 많이 쓰는 것은 안 됩니다.

저는 제 아이들에게 식사 시간에는 좋아하는 음식을 원하는 만큼 먹게 했고, 싫어하는 음식을 억지로 먹으라고 강요한 적이 없었습니다. 저는 전부는 무리여도, 가능한 범위 내에서 아이가 원하는 것은 모두 실현해 주는 것이 좋다고 생각합니다. 단언컨대, 아이가 원하는 것을 다 들어주면 아이를 망친다는 것은 절대 있을 수 없는 일입니다.

아이가 원하는 것 중 부모가 직접 해줄 수 있는 것은 최대한 해주십시오. 직접 해줄 수 있는 것의 기본은 스킨십입니다. 스킨십은 부모가 아이에게 정성을 다하고 있다는 것을 표현하는 중요한 행위입니다. 단, 돈으로 원하는 것을 사주는 것은 절제가 중요합니다. 물건으로 마음을 채워주는 육아는 오히려 욕구불만의 감정을 고조시킬 수 있습니다.

이러한 마음가짐으로 육아를 하면, 아이가 요구할 때마다 비료나 물, 햇볕을 아무리 주어도 아이에게 나쁜 영향이 나타날 일이 절대 없습니다. 왜냐하면, 아이의 요구를 최대한 들어주는 육아의 기본원칙을 부모가 제대로 지키고 있기 때문입니다.

그래도 걱정이 된다면, 진심으로 아이를 신뢰하십시오. 아이가 가진 성장능력, 발달능력, 자립능력을 진정으로 믿지 못하면 과잉간섭을 하게 됩니다. 유감스럽게도 이런 사례는 아주 많습니다.

아이가 가진 능력 이상을 기대하는 것도 역시 과잉간섭입니다. 아무래도 부모라면 자식에 대해 기대심이 생기기 마련이라서, 과도한 기대를 하지 않는 것이 쉬운 일은 아닙니다.

  그렇기 때문에, 부모는 항시 자신의 감정을 확실히 경계하고, 기대는 하되 과잉간섭이 아닌 보호적 육아를 하도록 유의해야 합니다. 그래야 아이가 미래에 신나는 인생을 살기 위해 꼭 필요한 자발성, 자주성, 주체성이 건강한 싹을 틔우게 됩니다.

마음 성장 08

어렸을 때의 '장래의 꿈'은
황당무계해도 상관없습니다.
'자기긍정감'을 가진 아이는 곧
현실적인 꿈을 착실히 실현해 갑니다.

아이들은 아이돌 가수, 축구 선수, 우주인, 발레리나, 파티시에' 등 여러 가지 '꿈'을 이야기합니다. 어제의 꿈이 오늘은 바뀌기도 하고, 되고 싶은 것이 항상 3~4개씩인 아이도 있습니다. 친구들과 다양한 특별활동이나 방과후 활동을 하면서 본인의 재능이나 자질과 상관없이 자연스럽게 하고 싶은 것이 생기기도 합니다.

되고 싶은 직업이나 꿈이 많은 것은 얼마든지 괜찮습니다. 오히려 걱정되는 쪽은 '그건 어른이 되어 봐야 알죠' 혹은 '별로 되고 싶은 것이 없어요'라고 대답하는 아이입니다. 그때가 되기 전에는 알 수 없고, 미래에 일어날 일을 알 수 없다는 것은 논리적으로 맞는 말이긴 하지만, 그런 논리적 사고는 성인이 되어야 가능한 것입니다.

아이의 대답은 '지금은 내가 무엇이 되고 싶은지 정말 모르겠다' 라는 의미입니다. 이것은 일종의 자아 혼란 상태입니다. 아이가 자신의 성장 과정은 본인이 주인공이라는 것을 실감하지 못하고 있으며, 자주적이고 자발적인 일상을 살고 있지 못하다는 것을 의미하기도 합니다.

아이가 성인이 되어 사회에 나갔을 때, 자기가 바라는 것을 실현해 가는 '꿈'을 스스로 그릴 수 있는지가 중요합니다. 아이들은 사회로부터 승인된 가치관을 나이에 맞게 형성하면서 성장합니다. 유아기에는 다양한 놀이를 통해 여러 대상 중에서 자신의 역할을 골라 이미지화하는 능력을 키워야 합니다.

이것은 나이가 몇 살이든, 시기가 언제든 꼭 해야 합니다.

발달단계와 나이에 따라 '꿈'의 내용은 달라집니다. 처음에는 '야구선수도 하고 싶고, 과학자도 되고 싶다' 처럼 포커스가 정해지지 않은 상태지만, 곧 자기의 개성, 능력, 적성에 맞게 자아실현의 꿈과 장래희망이 점점 명확해집니다.

처음에는 '막연한 동경'이었지만, '나는 다른 아이보다 발이 빠르다' '축구가 특기다' '피아노를 매우 좋아한다'로 점차 자기의 능력과 개성을 파악하게 되고, '육상선수' '축구선수' '피아니스트'로 구체화 됩니다.

나이가 더 들면, '프로선수가 되는 것은 무리일 것 같으니까, 선수를 키우는 트레이너가 되자' '스포츠를 연구하자' '음악가는 어려우니 음악 교사가 되자' 등 자신의 적성과 능력에 맞춰 장래 직업과 사회적 역할을 이미지화하면서, 그것을 향해 나아가는 것입니다.

나이가 몇 살이든, 이러한 '이미지화'를 할 수 없으면, 자신의 삶을 주체적으로 살 수 없습니다. 공부를 잘하거나, 예체능에 소질이 있는 것과 관계없이, 스스로에 대한 자신감과 자기 긍정감을 제대로 가지고 있어야 주체성이 싹트게 됩니다.

그러기 위해서는 부모와 교사가 아이 꿈의 최초 단계부

터 있는 그대로를 모두 수용하고, 아이에게 '너는 가치가 있는 사람이다, 세상에 하나뿐인 소중한 존재다'라는 자기 긍정감을 온몸으로 느낄 수 있도록 전달해 주어야 합니다. '자기 긍정감'이란 자신의 모습을 긍정적으로 평가할 수 있는 감정, 자기의 가치와 존재 의미를 긍정할 수 있는 감정을 말합니다. 자기 긍정감이 높으면 삶의 여러 가지 사건에 대해서도 적극적으로 대처할 수 있고, 행복지수도 높아집니다.

'공부를 잘하기 때문에 훌륭하다, 스포츠에서 좋은 성적을 거뒀기 때문에 대단하다'라고 칭찬하는 것이 아니라 '성적보다, 운동능력보다 사람에게는 훨씬 소중한 가치가 있다'라는 말을 꾸준히 해주는 것이 가장 중요합니다. 이것은 유아기에만 국한하지 말고, 언제든지, 얼마든지 가르쳐줘야 합니다.

마음 성장 09

건강한 경쟁심과 협조성을 키우기 위해서
집에 친구를 자주 초대하고,
친구네 집에도 자주 놀러 가는 것이 좋습니다.

유아기에 욕구를 만족시켜주는 의존 체험을 충분히 하면, 아이는 주위 사람에 대한 신뢰감을 강화하고, 그 신뢰를 기반으로 자립을 하게 됩니다. 자립에 꼭 필요한 자질인 '협조와 공감성, 경쟁심'은 아이들끼리의 사회 속에서만 습득할 수 있습니다. 그리고 협조성과 경쟁의식 간의 균형을 맞추는 방법을 알아가는 것도 중요합니다.

친구끼리는 협조와 공감만 존재하는 것이 더 좋다고 생각할 수도 있지만, 경쟁의식이 없으면, 자기주장이나 의견 없이 다른 사람의 뜻을 무조건 따르게 될 뿐입니다. 경쟁의식이 없는 협조성은 '이렇게 해라'라는 말을 들으면, 뭐든지 그대로 하는 영합의 결과를 낳습니다. 진정한 협조성이란 그런 것이 아닙니다.

예를 들어, '만원 가지고 오면 우리 그룹에 끼워줄게'라는 말을 듣고 돈을 가져다주는 아이가 있습니다. 이것은 진정한 협조성이 아니라 영합입니다.

경쟁의식과 협조성·공감성의 균형은 친구들과의 관계를 통해서 배우게 됩니다.

그러기 위해서는 구체적으로 자기 집에 친구를 자주 불러서 같이 놀고, 친구 집에도 자주 놀러 가는 것, 그 두 가지를 모두 많이 경험하는 것입니다. 어릴 때 그 두 가지를 고르게 병행하지 않으면 경쟁의식과 협조성·공감성이 균형있게 발달하지 않습니다. 안타깝지만 요즘은 이 사실을 간과하는 부모가 의외로 많습니다. 아이에게 사회성을 키워주려면, 부모가 사회성이 있어야 하고, 가정 자체가 충분히 사회화되어 있어야 합니다.

집에 친구를 데려오면 아이는 스스로 리더십을 발휘합니다. '그건 하면 안 된다' '이 장난감은 이렇게 가지고 노는 것이다' '문은 이렇게 여는 것이다' 라며 자기 집의 규칙을 가르쳐주고, 방법을 지시하기도 합니다. 혹은 부모님이 주신 간식을 마치 자기가 대접하는 것처럼 내어 주며 '먹어도 좋다' 고 허가하듯이 말하기도 합니다.

그런데 친구의 집을 방문하면 상황은 역전됩니다. 친구 집의 생활 규칙에 따라야 하고, 간식을 주면 '잘 먹겠습니다' '잘 먹었습니다' 라고 인사도 해야 합니다.

저희 아이는 한 친구의 집에 놀러 갈 때는 반드시 양말을 챙겨 신었습니다. 왜냐고 물었더니 그 친구의 집은 양말을 신지 않으면, 발수건으로 발을 닦아야 집 안으로 들어갈 수 있기 때문이라고 대답했습니다.

그 이야기를 듣고 부모는 '그런 깔끔한 집도 있구나. 우리 집은 비교적 자유로운 편이네' 라는 것도 알게 됩니다. 또한, 집에 돌아온 후 'ㅇㅇ네 집에는 초콜릿이나 과자, 주스도 없고, 우유랑 보리차만 있어요' 라고 부모에게 말하는 일도 있습니다. 그 말을 들은 부모는 '그 집은 일상생활에서 아이의 치아 관리를 철저히 하는구나' 라며 아이가 방문했던 집의 생활에서 배움을 얻을 수도 있습니다.

내 집에서는 내가 리더지만, 친구네 집에서는 그 집의 규칙을 따라야 합니다. 그러면서 각 집에 존재하는 문화, 규칙, 사고방식에 '차이'가 있다는 사실을 알게 되는 것은 매우 소중한 경험입니다.

그리고 또 하나, 내 집도, 친구의 집도 아닌 '제3의 공간' 즉, 놀이터나 공원에서 노는 것 역시 중요합니다.

아이가 친구와 '함께 성장' 할 수 있도록 '우리 집, 친구 집, 제3의 공간', 이 세 개의 '장소'를 균형 있게 아이의 생활 속에 도입해 주시길 바랍니다.

마음 성장 10

'혼자 무엇인가에 몰두하는 것' 이
근면은 아닙니다.
근면은 동료와의 관계 속에서 역할과 책임을
완수하기 위해 노력하는 것입니다.

유아기 교육의 완성은 매사에 근면하게 임하는 것을 가르치는 것이라고 생각합니다. 여기에서 '근면함' 이란 매우 성실하게 혼자서 꾸준히 공부한다거나, 지시받은 그대로 쭉 지키는 것을 의미하는 것이 아닙니다. '집단 안에서 자신에게 주어진 역할을 완수할 수 있는가, 역할을 맡기 위해 적극적으로 참여하는 태도가 있는가' 입니다. 집단에는 전혀 참여하지 않고, 좋은 성적을 받기 위해 공부에 매달리는 시간이 다른 사람보다 길다는 것은 '근면' 이라고 할 수 없습니다.

근면이라는 것은 사람들 안에서 무엇인가를 할 수 있는 태도를 말합니다. 우리는 타인과 격리된 장소에서 혼자 무엇인가에 몰두하는 것을 근면이라고 생각하기 쉽습니다. 그러나, 혼자서 아무리 한자나 영어 단어를 외워도 그것을 '근면하다' 라고 말할 수 없습니다. 외운 글자나 어휘를 사용하여 마음을 담은 편지를 쓴다, 누군가에게 어떤 의미를 전달하기 위해 좋은 문장 표현을 쓸 수 있게 되었다는 것이 더 중요합니다. 한자와 영어단어를 암기하는 것의 완성은 편지나 회화에 있고, 그것이 사회적 참여로 이어졌을 때, 비로소 진정한 '근면하다' 가 되는 것입니다.

'근면함' 의 본질을 최초로 이렇게 정의한 사람은 앞에서 언급했던 미국의 정신 분석가이자 발달심리학자인 에릭슨입니다. 많은 부모가 근면함의 본질이 무엇인지 아직 잘 모르고 있습니다.

아이 혼자 책상에 앉아 얌전히 학교 숙제나 학원 숙제를 하고 있으면, '진짜 공부를 잘하는 착한 아이다. 근면한 태도가 몸에 배어 있어 안심이다' 라고 생각하기 쉽습니다. 다른 아이들이 같이 놀자고 권해도, 거들떠보지도 않고 혼자서 공부하는 모습이 훌륭하게 보일지도 모르지만, 저는 오히려 걱정됩니다.

아이가 사회의 일원이 되기 위한 준비과정 중에서 가장 중요한 것은 우선 친구와 잘 노는 것입니다. 그리고 친구들과 함께 무엇을 만들거나, 연극이나 춤 등의 공동작품에서 자신의 책임과 역할을 잘하는 것입니다.

그렇게 되기 위해서는, 그 이전 단계에서 부모로부터 충분히 사랑과 인정을 받아 왔기 때문에 자기에 대한 자신감이 있고, 다른 사람에게 공감할 수 있는 감성이 자라나고 있다는 것이 전제입니다. 그러한 발달 단계를 거치고, 친구들과 함께 놀고, 공동작업 등을 하다 보면 아이들은 어떤 사회에서나 통용되는 협조성, 공감성, 경쟁심, 그리고 근면함을 몸에 익히게 됩니다.

사람은 어찌 되었건 혼자만 성장할 수 없습니다. 가끔은 '혼자라는 기분'을 느껴야 할 때도 있지만, 그 외의 시간은 충분히 사람들과의 관계가 있기 마련이고, '자기 긍정감'을 가진 아이는 필요할 때는 혼자서 공부하거나 운동을 하는 것도 능숙하게 해냅니다.

그리고 혼자서 해내기 힘들 때는 부모나 친구에게 상담하거나 의지하기도 합니다. 자기 긍정감을 가진 아이는 고독으로 무언가를 해낼 수 있지만, 절대 고립되지 않습니다.

마음 성장 11

장점을 최대한 많이 언급해 주세요.
단점이나 결점은 나중에
조금만 노력하면 됩니다.

모든 사람에게는 장·단점이 있습니다. 가정에서는 부모가, 학교에서는 교사가 아이의 단점을 고쳐주고, 장점은 늘려주고 싶은 마음에, 주로 단점이나 결점을 먼저 지적하는 경향이 있습니다. 하지만 아이들은 먼저 장점에 대해 충분히 인정받은 후, 약간의 단점을 지적받으면, 그것을 수용하는 태도와 사후 대처가 매우 좋아집니다. 단점에 대한 지적을 수용하고 고치려고 노력할 수 있다는 것은 평소에 자기의 장점에 대해 많이 인정받아 왔기 때문에, 스스로 자신감이 있다는 것입니다. 자신감이 없는데, 단점을 고친다는 것은 좀처럼 하기 힘든 일입니다.

그러므로, 언제나 가능한 한 많이 아이의 장점을 언급해주십시오. 단점은 그다음에 조금만 이야기해도 됩니다.

장점은 '당연한 것'으로 여기고, 단점이나 결점은 찾아내서 열심히 교정하는 교육은 잘못된 것입니다. 우리 어른들은 단점에 민감한 경향이 있어서, 조금이라도 결점이 발견되면 바로 고치려고 듭니다. 아이들의 희망을 이루어 주기보다, 부모나 교사의 희망에서 어긋난 부분이 있는지를 찾는 데 집중하고 있는 셈입니다. 어른들은 이러한 관행을 먼저 바꿔야 합니다.

그러기 위해서 꼭 알아두어야 하는 것은 장점은 항상 단점의 뒤집기이고, 단점은 장점의 뒤집기라는 것입니다. 아이가 자기 물건을 잃어버리지 않고 잘 챙기는 면은 부모와 교사가 보기에는 분명히 장점일 것입니다. 평소에 물건을 잘 잃어버리지 않는 아이는 주의 깊고, 조심스럽다는 장점이 있는 것이 분명하지만, 신경질적이고, 소심하며, 불안감이 크다는 단점도 겸비하고 있다고 볼 수 있습니다.

적당히 잊는 것이 더 좋은 것입니다.

대다수의 아이들은 장난감을 어지르는 것이 일반적이지만, 보기 드물게 가지고 놀았던 장난감을 부모가 시키는 대로 말끔하게 정리하고 나서, 다음 장난감을 꺼내놓는 아이가 있습니다. 항상 깔끔하게 정리하는 습관이 갖춰져 있으니 장점이라고 생각할 수도 있지만, 아이가 '열심히 놀고 → 중단하고 → 정리하고 → 기분을 전환한 후 → 다음 장난감에 빠져들 수 있다'는 것은 사실 불가능에 가까운 에너지를 가지고 있는 것과 같습니다. 본인이 놀이를 원하는 순간, 기세 좋게 달려들어 녹초가 될 때까지 놀고, 놀이가 끝나면 지쳐서 정리할 힘조차 없는 것이 건강한 상태입니다. 아이가 마음대로 어지르는 모습이 부모에게는 단점으로 보일지 모르지만, 매우 건강하고, 집중력 있게 놀 수 있다는 대단한 장점입니다. 물론, 나이나 정도에는 차이가 있겠지만, 어릴 때부터 정리를 잘하는 아이는 노는 데 활력이나 의욕이 부족한 것일 수 있습니다.

아이의 단점을 주로 찾지 말고, 장점을 많이 언급해주셨으면 합니다. 항상 장점과 단점은 서로 양면임을 잊지 마십시오. 때로는 부모나 교사의 편의에 맞기 때문에 장점으로 보이는 것도 있습니다. 부모님이 '아이에게 있어 이 부분은 큰 장점'이라고 생각한다면, 그것이 때로는 터무니없는 단점이 될 수도 있다는 것을 꼭 떠올려 주십시오.

마음 성장 12

분업에서 가치의 경중을 알게 되는 순간부터
마음속에 차별 의식이 생겨납니다.
슬픈 현상이지만, 사람이 살아가는 데 있어
피하기 어려운 본성이기도 합니다.

4살이 지나고 5세, 6세 무렵이 되면 아이는 2명 이상, 혹은 다수의 사람 사이에 자연스럽게 존재하는 분업의 감각을 접하게 되고, 몸에 익히게 됩니다. 분업의 감각은 자신의 역할을 발견하는 능력이므로 제대로 습득하는 것이 매우 중요합니다. 유치원이나 학교에서 여러 가지로 역할 분담의 기회가 주어지고, 놀이나 활동 안에서도 분업은 존재합니다.

그런데 분업 의식과 함께 분업 역할에 대한 일종의 가치관이 싹트면서, 어떤 것은 중요한 역할, 어떤 것은 보조적인 역할이라는 차이를 느끼는 감정도 생겨납니다. 즉, 나는 주연이고, 친구는 조연이라고 하는 것처럼, 비중의 차이에 대한 감정이나 차별화가 생겨납니다.

예를 들어 학예회의 연극에서는 대사가 많은 배역도 있고, 적은 배역도 있습니다. 합주라면 굉장히 눈에 띄는 솔로 파트도 있고, 심벌즈처럼 마지막에 2번만 치는 파트도 있습니다. 어떤 일이든 분담이 있고, 모두가 같은 일을 하는 것은 아닙니다.

이번에는 운동회의 달리기를 예로 들어 보겠습니다. 옛날에는 키 높이로 조 편성을 기계적으로 했다면, 최근에는 달리기 속도에 따라 조를 편성하는 학교가 많습니다. 한 조 내에서 달리는 속도에 극단적인 차이가 나지 않도록 배려하고 있는 것입니다. 즉, A조 1등이어도, 빠른 아이들이 모인 B조에서 뛰면 꼴찌가 될 가능성이 있습니다. 당연히 B조 내에서 속도가 늦는 아이는 A조에서 뛰고 싶을 것입니다. 연습이나 예선에서 속도로 조 편성이 이루어지면, 일부러 천천히 달려서 느린 아이들 조에 들어가 1등을 하고 싶다고 생각하는 아이도 있을 것입니다.

어른들은 이것저것 궁리해서 '평등하게'를 고민합니다. 정말 공평한 방법이 있을 것이라고 생각하지만, 이는 있을 수 없습니다. 결국, 아이들은 '너 몇 등이야?' '1등이지' 'A조였지? B조에서 뛰면 꼴찌야' 라는 말을 심술궂게 던지기도 합니다.

이는 '조합의 연구'로도 결코 해소할 수 없는 문제입니다. 원래 인간의 부분적인 능력이나 기능에 대해서는 뭐 하나 평등한 것이 없습니다. 그러나 아이들의 가치관 속에서는 아무래도 차이를 가늠하려고 합니다. 분업에는 가치의 높낮이가 있다고 생각하는 것입니다.

분업 의식이 생기면 아무래도 일종의 차별 의식이 싹트게 됩니다. 인간에게 있어 차별 의식은 어쩔 수 없는 본능적 특성 중 하나입니다. 그것은 인간의 욕망으로, 내 안에 있다는 것을 실감 할 수밖에 없습니다.

이런 사례가 있습니다. 1979년에 돌아가신 카미야 미에코(神谷 美惠子) 선생님은 세토나이카이가 있는 섬의 한센병 요양소에서 오랜 세월 의료에 종사하신 분입니다. 선생님은 자신의 저서에서 조심스럽지만 매우 놀라운 이야기를 쓰셨습니다.

한센병 환자는 오랫동안 오해에 따른 차별과 편견에 시달려 온 사람들입니다. 그런데 그 요양소 내에서, 결핵에 걸린 한센인들은 그렇지 않은 다른 한센인들에 의해 차별을 받고, 한센병에 정신질환 합병증까지 앓고 있으면 더 심한 차별을 받는다는 것입니다.

한센병 사람들은 일반 사회로부터 격리된 형태가 되면서, 그 격리된 사회 속에서 또 다른 형태의 차별을 만들어 냈습니다. 이것이 피할 수 없는 인간의 슬픈 본성입니다.

성장을 하고, 분업 의식을 몸에 익힐 때쯤에 아이들의 의식 속에 싹트는 '차별'의 감정, 이것을 극복하기 위해서 어떤 노력을 해야 하는지를 가르치는 것 또한 교육입니다.

마음 성장 13

차별감이 싹트는 것은 어쩔 수 없지만,
중요한 것은 그것을 넘어선
인간의 진실한 가치,
동정이 아닌 진정한 평등을 이해할 수 있도록
교육하는 것입니다.

 분업을 의식하고, 어떤 역할을 담당해야 한다는 것을 스스로 알게 되면, 작업의 경중 의식, 즉 차별감이 싹트는 것은 당연한 현상입니다.
 차별감을 악의 덩어리로 여기고, 두려워할 필요는 없습니다. 인간 개개인의 생명, 가치, 존엄은 평등합니다. 이것이 인간사회의 기본 원칙입니다. 그렇지만, 인간의 모든 측면에 능력 차이가 있다는 것도 엄연히 사실입니다. 공을 멀리 던지는 아이와 못 던지는 아이가 있는가 하면, 빨리 달리는 아이와 느린 아이가 있습니다. 키가 큰 아이

와 작은 아이, 시력이 좋은 아이와 나쁜 아이, 기억력이 좋은 아이와 나쁜 아이, 노래를 잘하는 아이와 못하는 아이가 있습니다.

모든 인간은 능력에 차이가 있습니다. 한정된 관점에서 본다면, 각각에 '우열'을 매기는 것은 가능합니다. 세상에 같은 사람은 없습니다. 그러한 능력 차이의 집합체가 한 사람의 개성이기 때문에, 모든 것이 뒤떨어지는 아이는 절대 없습니다.

보통 우리는 아주 좁은 범위의 잣대로 만든 가치관으로 특정 아이는 우수하다며 칭찬하기도 합니다. 하지만 그것은 인간 개인의 존엄과 가치가 반영된 것이 아니라는 자각을 반드시 가져야 합니다.

교육도 그 자각을 가지고 기능해야 합니다.

가깝게는 가정에서 부모가 형제자매를 키우는 경우도 마찬가지입니다. 어떤 아이는 공부를 잘하고, 어떤 아이는 스포츠를 잘한다고 해서, 그렇지 않은 아이의 가치가 낮은 것은 아닙니다. 마찬가지로 뭔가 잘하는 것이 있는 아이에게도 '엄마와 아빠가 너를 사랑하는 것은 공부를 잘하거나, 스포츠에 뛰어나서가 아니다. 성적이 나빠도 너는 소중하고 좋은 아이다'라는 것을 확실하게 부모가 먼저 자각하고, 아이에게 항상 전달해 주어야 합니다.

학예회 연극에서 전원이 대사를 균등하게 읊도록 각본을 만들었다고 해봅시다. 힘들게 고생해서 아이들에게 이 연극을 시켜 봤자, 진정한 의미에서 사회적 역할을 분담하는 인간적 교육은 되지 않습니다. 인간에게는 몇십, 몇백 가지의 무수한 종류의 능력이 있으며, 각 분야와 각 부분에서 능력차, 개인차 혹은 특질을 가지고 있습니다. 따라서, 아이들에게 능력 차이와 개인 차이를 넘어 모든 사람은 평등하고, 같은 동료라는 것을 가르치는 것이 중요합니다.

형식적인 평등은 차별과 같습니다.

진정한 의미의 평등은 정신적으로 훨씬 깊은 부분까지 고려하는 것입니다.

장애가 있는 친구를 돕는 것은 중요하지만, '친구가 가엽고, 신체적으로 내가 더 우월하니까 도와야 해'가 아닙니다. '같은 인간으로서 우리는 평등하므로, 역할을 분담할 수 없는 부분은 서로 보충하는 것이다' 라고 완전히 이해하는 것이 우선입니다. 그것이 진정한 평등을 자각하는 교육의 순기능입니다.

마음 성장 14

'착한 아이'란 어른에게 있어서
'편한 아이'입니다.
착한 아이니까 예뻐하는 것이 아니라
예뻐하니까 착한 아이가 되는 것입니다.

일반적으로는 부모나 사회에 편리한 것은 장점으로, 불편한 것은 단점이라고 여겨져 왔습니다. 아이가 어렸을 때부터 자기의 기분을 억누르고 참는 것이 훌륭한 것 같지만, 실은 자기 자신을 잃어버리는 일이기도 합니다. 그리고 성장을 위한 자립을 방해하는 것이기도 합니다.

나이에 따라서 다르지만, 어느 정도의 억제와 자제가 자립에 긍정적이고, 어느 정도가 부정적인지는 부모가 주의 깊게 지켜봐야 합니다.

예를 들어 장애를 가진 형제나 자매가 있는 아이는 어릴 때부터 부모의 고생을 잘 알고 있어서, 문제를 일으키지 않고 매우 협조적입니다. 그런데 이 아이들이 사춘기가 되면, 자립성이나 자주성이 부족하고, 정서가 불안정하며 거칠어지는 성향을 보이는 경우가 많습니다. 이른바 '사춘기의 위기' 상태가 되는 것입니다. 왜냐하면, 어릴 때 너무 착한 아이였기 때문입니다.

장애아 형제를 둔 아이에 한정하지 않아도, 소위 '착한 아이'는 말을 잘 듣고, 제멋대로 행동하지 않는 아이라고 말합니다. 하지만 그것은 자주성, 주체성, 자신의 희망을 극도로 억누르면서 성장해 온 결과입니다. 그러나 자주적으로 자신을 응시하게 되는 사춘기가 되었을 때, 자신의 존재가 확실하게 보이지 않고, 그 때문에 사춘기의 혼란이 발생하게 되는 것입니다.

'착한 아이가 되었으면 좋겠다'고 바라고, 부모에게 편하고 좋은 부분만 인정하고, 조금이라도 불편한 것은 단점으로 지적하고 고치기를 바란다면, 얼추 '부모 뜻대로 되는 착한 아이'로 자랄지도 모르지만, 이것은 좋은 것이 아닙니다. '착한 아이'는 부모에게 '편한 아이'일 뿐이기 때문입니다.

저는 항상 '착한아이라서 예쁜 것이 아니라 예뻐하기 때문에 착한 아이가 되는 것입니다' 라고 이야기합니다.

'착하게 굴지 않으면 엄마가 안아주지 않을 거야' 라는 말을 듣는 아이는 대단히 인내하고 있는 매우 가여운 상태입니다. 어렸을 때부터 '안아주세요' '더 놀아주세요' 라고 응석을 부리지 않고, 계속 참으면서 '자신' 을 드러내지 못하고 자란 아이가 어른이 생각하는 '착한 아이' 입니다. 조금이라도 자신의 아이에게 그런 경향이 있다는 생각이 들면, 아이가 몇 살이든지 간에 더 애지중지해주고, 따뜻하게 안아주십시오.

'착한 아이' 는 어떤 음식을 내놓아도 좋고 싫음을 말하지 않고, 남김없이 깨끗이 먹고, 오늘 무엇이 먹고 싶냐고 물으면 '아무거나 괜찮아요' 라고 대답하는 아이일지도 모릅니다. 만약 내 아이가 그렇게 행동하고 있다면, 우선 아이가 가장 좋아하는 음식을 만들어 주고, 작은 용돈이라도 건네주며 본인이 원하고, 좋아하는 것을 살 수 있는 기회를 제공해 주세요.

그리고 '좋은 일을 했을 때만' 칭찬하는 것이 아니라, 언제라도, 어떤 일을 해도 아버지와 어머니는 너를 좋아한다는 말을 계속 반복해 주십시오.

마음 성장 15

아이는 부모를 보면서,
자연스럽게 사회성을 배웁니다.
가정이 고립되지 않도록,
사회화하는 것이 매우 중요합니다.

저는 '인간人間'이란 글자를 보면, 항상 마음속으로 감탄합니다. 누가 처음 만들었는지 모르지만, 아마도 오래전 중국의 훌륭한 사람이 생각해 냈을 것입니다. 외따로 서 있던 둘이 어울려서 '서로 버팀목이 되어 선다'라는 글자 '사람 人'. 그리고 많은 사람이 서로 의지하여 사람들 '사이 間'에 있어야 비로소 '인간人間'이 되는 것입니다.

인간이란 사람 혼자만으로는 구성되지 않습니다. 사람과 사람이 상호 의존하고, 많은 관계들 사이에 있어야 비로소 '인간'이 될 수 있습니다. 저는 인간의 가장 본질적인 것을 파악하여 형상화한 이 한자의 의미를 더욱 소중하게 간직하고 싶습니다.

걱정스럽게도 아이에게도 부모에게도 가장 친밀한 세계인 '가정'이 현대에 와서는 실로 고립화되어버리고 있습니다. 특히 도시에서는 밀집한 주택군 안에 살고 있으면서도, 산속이나 들판 한가운데 홀로 있는 것 같습니다. 각각의 가정이 이웃과 아무런 관계가 없고, 서로 유대관계를 만들지 않습니다. 즉, 가정의 사회화가 없는 것입니다.

아이가 사회인으로 성장하는 과정에서, 가족이나 가정이 지역사회에서 이웃과 서로 의지하는 사이가 되는 것은 매우 중요합니다. 그 이유는 부모의 사회성이 아이의 성장에 반영되기 때문입니다.

예전에는 이웃과의 교류가 일일이 의식할 만한 것이 아니었습니다. 하지만 요즘의 가정은 그것이 결정적으로 너무 많이 결여되어 있습니다. 등교거부, 우울증, 가정폭력, 거식증 등으로 고통을 겪고 있어, 상담실이나 클리닉을 방문한 어린이나 청소년은 가정 자체의 사회성이 결여되어 있는 경우가 대부분이었습니다.

최근에는 대다수의 사람들이 경제적으로 자립만 하면, 주위 사람에게 의존하지 않아도 된다고 생각하는 것 같습니다. 경제적 자립이 중요하긴 하지만, 그런 작은 것으로 복잡한 인간의 생존요건이 해결되지는 않습니다. 인간은 한자가 의미하는 대로 본래 정신적으로도 여러 사람과 상호의존해야 하는 숙명과 본능을 가지고 있습니다. 의존욕구, 집단 욕구라고 불리기도 하는데, 사람은 서로 의지하고, '사람과 사람 사이'에 존재해야만 살아갈 수 있는 존재입니다.

다시 말하면, 인간은 의존하는 기쁨, 의존되는 기쁨, 그 양면을 추구하는 동물입니다. 아이라면 친구로부터 무엇인가를 배우고, 선배나 선생님에게 가르침을 받는 기쁨이 있습니다. 서툰 아이, 약한 아이를 가르쳐 주고, 응원하는 기쁨도 있습니다. 이것은 유아라고 해도, 어리면 어린 대로 나이에 걸맞게 그 기쁨을 추구합니다.

친구에게 무엇인가를 가르쳐주는 기쁨과 동시에 친구가 가르쳐주는 것을 배우는 기쁨은 아이들 성장에 있어 유쾌한 영양제입니다. 요즘 아이들에게서는 그 쌍방이 빠져 있는 경우가 종종 눈에 띕니다. 그 이유는 가정 자체가 그러하기 때문입니다. 이웃집에 의지하지 않는 대신에, 이웃이 의지하는 것도 싫고, 번거롭고 귀찮아합니다. 서로 폐만 끼치지 않으면 괜찮다고 생각합니다. 이는 결코 건강한 자립이 아닙니다. 이것이 바로 '고립' 입니다.

아이의 성장발달을 위해 가정의 사회화는 꼭 필요합니다. 동시에 현대를 살아가는 고단한 어른들의 정신건강을 위해서도 매우 필요한 것입니다.

마음 성장 16

'내 아이만 잘 되면 된다'는 것은
있을 수 없습니다.
주위 친구들과 함께 성장해야 좋은 것입니다.

우리는 누구나 우월감과 열등감을 가지고 있습니다. 그리고 사람에 따라서는 그것이 강한 사람과 그렇지 않은 사람이 있습니다.

아이를 키울 때, 경쟁원칙 안에서 아이를 언제나 다른 사람과 비교하면서 '힘내라. 이길 수 있다'라고 응원하고, '절대로 지면 안 된다'라고 강요하면, 아이의 우월감과 열등감이 강해집니다.

부모는 때때로 자기 자식에게 과도한 기대를 하고, 다른 아이보다 뛰어난 아이가 되기를 바라는 마음을 가집니다. 꼭 거기까지는 아니어도, 마음 한편으로는 '내 아이만 잘 되면 된다'고 생각합니다. 그러한 사고방식이 바로 아이의 우월감이나 열등감을 강하게 만드는 것입니다.

아이는 친구들과 함께 '성장' 합니다. '내 아이만 잘 되면 된다'는 것은 있을 수 없는 일입니다. 내 아이와 함께 잘 자라면서, 도와주는 아이가 주변에 없다면 우리 아이도 잘 자랄 수 없습니다. 그리고 그렇다고 생각해야 합니다. 그것을 부모가 인지하고 가정에서 아이에게 제대로 가르쳐주고 있다면, 아이의 마음속에 건강하지 못한 우월감이나 열등감 따위는 자라나지 않습니다.

식물이든 물고기든 환경이 좋으면 주변 동료들과 함께 무럭무럭 잘 자랍니다. 성장한다는 것은 서로 자랄 수 있는 환경 속에서 함께 자라는 것입니다.

아이가 건강하게 자라는 데 필요한 것은 누구에게든 지지 말라는 부모의 격려와 질타가 아니라, 아이들 자신이 서로 공감하는 환경입니다. 공감하는 환경에서 자란 아이는 자신이 어떤 분야에서 동료보다 잘했을 때, 못한 사람을 깔보는 우월감이 아니라, 매우 건강한 기쁨의 감정, 즉 일종의 긍지를 맛보게 됩니다. 반대로 자신의 동료가 자기에게는 없는 훌륭한 재능을 발휘했을 때는, 질투하거나 열등감을 느끼는 것이 아니라, 진심으로 동료를 경애하고, 자기 일처럼 기뻐할 수 있게 됩니다.

우월감과 열등감은 항상 서로의 등을 맞대고 있어, 어느 한쪽만 가질 수는 없습니다. 열등감의 반전이 우월감이고, 우월감이 있어서 열등감도 생기는 것입니다. 우월감이 강한 사람은 어딘가에 매우 강한 열등감을 가지고 있기 마련입니다.

우월감이라는 것은 사람을 얕보거나 경멸하는 무서운 감정이기도 합니다. 늙어서 능력이 쇠잔해진 사람을 얕보거나, 자신보다 능력이 있는 사람에게는 적의나 혐오감, 질투심을 느낍니다. 반면에 더 가진 사람에게 아첨하고, 자신도 노력하긴 하지만 전진하지 못하면, 결국 괴로움으로 인해 퇴각해 버립니다. 열등감을 느끼는 것은 두려움이 있기 때문입니다. 이런 상태가 당연해진 아이에게는 좀처럼 친구가 없습니다.

건강한 자부심, 공감이라는 감정을 가진 아이는 자기에

게 충분하지 못한 부분이 있으면, 동료들과 함께 분담하고, 부탁하면 된다고 생각합니다. 그리고 자신의 노력이 부족했던 부분을 찾아 반성하는 자기 통찰로 연결됩니다.

많은 친구를 사귀고, 동료들과 공감하며 자라는 것은 인생을 풍요롭게 살아가는 방법을 터득하는 중요한 경험입니다.

마음 성장 17

동물에 대한 애정이 각별한 아이 중에는 외로운 아이가 많습니다.

동물을 아주 좋아하고 귀여워하는 아이는 친구가 적은 경향이 있습니다. 물론 동물을 좋아하는 아이들은 모두 친구가 없다는 뜻은 아니지만, 동물을 정말 아끼는 아이 중에는 외로운 아이가 많습니다. 그리고 외로운 아이일수록 동물을 특히 좋아하는 경우가 많다고 할 수 있습니다.

여러 가지 이야기를 주고받을 수 있는 친구가 없고, 부모나 형제자매와 편안하게 대화할 수 없어서 외로움을 느끼는 아이는 동물에 대한 애정을 통해 외로움을 해소하려는 경향이 있습니다. 그래서 동물에게 다정한 것입니다.

그렇지만 사실은 자기에게 그렇게 해 주었으면 좋겠다는 바람을 역으로 표현하는 것입니다

아이가 동물을 예뻐하는 모습을 보면, 흐뭇한 미소가 절로 지어지지만, 친구가 없어서 동물에게 애정을 쏟는 것이라면, 아이가 외로워하고 있다고 생각하는 편이 좋습니다.

또, '동물을 사랑하면, 사람도 사랑한다' 는 것은 잘못된 생각입니다. 동물을 아끼는 것과 사람을 사랑하는 것은 전혀 다른 것이기 때문입니다.

사랑을 받아본 경험이 없는 사람은 절대로 다른 사람을 사랑할 수 없습니다. 본인을 사랑해 주길 바라는 마음에 아첨할 수는 있지만, 진심으로 사랑할 수는 없습니다. 이것은 아주 중요한 사실입니다.

현대인은 어른도 반려동물에게 좋은 옷을 입히고, 좋은 집에 재우는 등 애정을 쏟지만, 그 사랑을 이웃에게 주는가 하면 그렇지는 않습니다. 반려동물에 대한 사랑은 말하자면, 약한 대상에 대한 친절함입니다. 이 친절함은 자신과 대등하거나, 자기 자신보다 강한 대상에 대한 친절함과

는 아예 질적으로 다릅니다.

사람에 대한 친절함과 반려동물에게 대한 친절함은 근본적으로 그 마음이 다릅니다. 자기를 배신하지 않고, 해치지 않고, 반항하지 않는 대상에 대해서는 친절하지만, 자기를 걱정하게 만드는 대상에게는 친절하지 않고, 서먹서먹하게 대합니다. 더 나아가 자신보다 풍족하고, 강한 대상에 대해서는 친절하기보다, 반사적으로 무시하거나, 적의를 느끼거나, 질투를 하기도 합니다.

진정한 친절함은 자신보다 풍족한 대상에 대해서도, 강한 대상에 대해서도 변함이 없습니다. 친절함은 상대에 대한 연민의 감정도 아니고, 사람을 얕보는 감정도 아닙니다.

자기애가 강해진 현대인 중에는 그것을 모르는 사람이 많습니다. 본심으로는 상대방을 무시하면서, 겉으로는 거짓된 친절과 애정을 꾸미고 사는 습성에 젖어 있는 사람이 많은 것입니다.

사실, 인간관계에서 진정한 친절함을 주고받으며 사는 사람은 반려동물을 키울 필요가 없으리라 생각됩니다.

부모가 아이에게 친절하면, 아이는 반드시 친절한 사람이 됩니다. 가족에게 사랑받고 자란 사람이 진정한 사랑을 할 수 있는 사람이 됩니다.

마음 성장 18

세상에서 가장 '순수에 가까운 사랑'은 자식을 사랑하는 부모의 마음입니다.

연애감정이란 '상대에 대한 사랑'이 아니라 자기애입니다.

상대의 행복을 진심으로 바라기보다 자신의 행복을 바라는 감정이기 때문에 상대가 자기를 버렸을 때, '그래도 그 사람이 행복하면 된다'고 용서하는 것은 참으로 하기 어렵습니다.

진정한 사랑이란 오로지 상대방의 행복을 바라는 감정입니다.

이 세상에 있는 사랑 중에서 가장 순수한 사랑에 가까운 것은 부모가 자식을 생각하는 마음입니다. '순수한'이 아니고, '순수에 가깝다'라고 한 것은, 부모가 자식을 생각하는 마음속에도 때론 순수하지 않은 부분이 포함되어 있기 때문입니다.

예를 들어, 부모의 허영에서 나온 바램이나, 자기의 꿈이었던 것을 종종 아이에게 강요하기도 합니다. '얘는 손이 너무 많이 가서 좋아할 수가 없다'라며 아이가 얄밉게 보이기도 합니다. 계속 울음을 그치지 않는 아기에게 '도대체 왜 그러는 거야!'라며 짜증이 날 수도 있습니다. 모든 부모에게 이런 감정이 어느 정도는 존재합니다.

그건 당연한 것으로 '100퍼센트 순수한 사랑'이 아니라서 자신은 나쁜 부모라고 생각하고 고민할 필요가 전혀 없습니다.

자식에 대한 부모의 애정은 대가나 보상을 바라지 않는 사랑입니다. 연애는 '내가 너를 사랑하는 만큼 너도 나에게 다정하게 대해 주면 좋겠다' '내 선물을 받고, 나를 더 좋아했으면 좋겠다' '내가 이만큼 잘했으니까, 네가 기뻐했으면 좋겠다' 등 반드시 상대에게 어떤 대가를 요구합니다. 하지만 자식에 대한 부모의 마음은 그렇지 않습니다. '아이가 웃으면 무엇이든지 해 주고 싶다' '아이가 기분 좋아하는 일은 무엇이든 다 해주고 싶다'라며 그에 상응하는 보상이나 감사를 받지 않더라도 계속 주게 되는 것입니다.

그리고 성장한 아이가 '집을 벗어나 가족으로부터 독립하고, 이런 길로 가고 싶다'고 말했을 때, 부모는 아무리 허전하고 서운해도, 기꺼이 아이가 꿈을 응원하고, 기쁘게 축복해 줍니다. 부모는 아이의 행복을 위해서라면, 자신의 외로움도, 경제적인 괴로움도 기꺼이 감수합니다.

이것이 연애와 부모가 자식을 사랑하는 마음 사이의 큰 차이입니다.

연애는 자기애이고, 자식에 대한 부모의 애정은 이타적인 사랑입니다.

어떤 경우에도 부모가 옆집 아이를 더 좋아하고, 다른 집 아이에게 더 관심이 가는 일은 생길 수가 없습니다. 물론 '옆집 애들은 스스로 알아서 잘하니 부모가 참 편하겠다……'와 같은 푸념을 할 수는 있지만, 그것이 옆집 아이와 자기 자식을 진심으로 바꾸고 싶다는 의미는 절대 아닙니다.

　못생겼든, 공부를 못하든, 때론 나쁜 짓을 하든, 부모는 자기 자식이 제일 예쁘고, 자식을 걱정하는 마음을 내려놓을 수가 없습니다. 자식에 대해 너무 걱정하기 때문에 애지중지하거나, 때로는 화를 내는 것도 당연합니다.

　오로지 자식들만 생각하고, '아이가 밤새 울어도, 호불호가 심해도, 공부를 싫어해도, 말을 듣지 않아도' 항상 걱정하고, 안절부절 지켜보며 '무엇이든 해주고 싶다'고 생각하는 부모의 마음이야말로 이 세상에서 가장 순수한 사랑입니다.

마음 성장 19

치열한 학력 경쟁의 환경 속에 놓여 있어도,
부모가 자녀에게 '성적보다 소중한 가치'를
가르친다면
아이는 건강하게 성장합니다.

아이를 경쟁 원리 안에서 키우지 않는 것이 좋다는 것을 알고 있음에도, '그렇다고 해도, 학교 공부는 친구와 경쟁을 할 수밖에 없다'고 생각하는 부모도 있을 것입니다.

학력 경쟁은 특정 집단 내에서 아이들 간의 학력 수준을 비교하면서 점수를 높이는데 주력하는 것입니다. 이는 서열을 매긴다는 점에서 '좋은 것'이 아닙니다.

하지만, 경쟁이 치열한 환경 속에 놓여 있다고 해서 아이가 건강하게 성장하지 못하는 것은 아닙니다.

저는 아이들이 살아가는 환경 중 가장 중요한 곳은 가정이라고 생각합니다. 가정에서 부모가 아이의 다양한 개성과 가치를 확실히 인정하면서 키운다면, 학교 성적이 아이의 정서에 영향을 주는 고통스러운 스트레스 요인이 되지 않습니다. 아이의 일상에서 학력이 가장 중요한 요소로 작용하고 있다면, 그것은 가정이 아이 성장에 올바른 영향력을 발휘하지 못하고 있는 것입니다.

아이의 학교 성적에만 신경을 쓰면서, 성적이 좋을 때만 칭찬하고, 성적이 나쁘면 야단 혹은 격려하는 것을 지속하면, 아이는 자신의 가치도, 친구의 가치도 학교 성적을 기준으로 생각하게 될 것입니다. 이는 아이의 우월감과 열등감을 강하게 키우기 위해서 부모가 나서서 노력하는 것과 같습니다. 성적이 좋은 친구에 대해서는 질투와 적의를 느끼고, 성적이 나쁜 친구는 가치가 낮고, 자기보다 못한 사람이라며 무시하게 될지도 모릅니다.

시험 성적이나 등수가 높은 것이 좋을지도 모르지만, 학교 성적은 인간이 가진 능력 중 일부분에 지나지 않습니다.

사람에게는 더 중요한 것이 다분히 많다는 것을 가르칠

수 있는 곳의 으뜸은 단연코 가정입니다. 아이가 가정에서 성적 이외의 중요한 가치를 발견하지 못하고, 부모가 성적 이상의 가치를 가르쳐주지 못하고 있다면, 그것은 매우 걱정되는 상황이라고 생각합니다.

'학교 선생님이 무능하다, 상대 평가를 강요하는 교육 시스템이 낡았다, 경쟁을 조장하는 지역사회가 문제다, 학력으로 사람을 평가하는 사회가 나쁘다' 등 타인과 제도를 탓하는 사람이 많지만, 비난이 아이에게 참된 가치를 전해줄 수 있는 수단은 아닙니다.

가정은 지역사회의 영향을 받고, 지역사회는 시대 풍조의 영향을 받게 됩니다. 그러므로 각 가정에서는 아이들을 제대로 응시하고, 시대의 흐름이나 유행, 풍조에 지나치게 휩쓸리지 않도록 조심해야 합니다.

경쟁 사회, 입시 중심 교육 풍조 속에 있더라도 가정에서 '학력 중심의 서열보다 더 소중한 것이 있음'을 가르치고, 성적과 관계없이 아이의 가치를 충분히 인정해 주는 것이 가장 중요합니다.

그런 가정에서 자란 아이는 성적에 상관없이, 자기 자신의 가치를 소중히 여기는 건강한 자존심을 가지게 됩니다. **자존심이란 외부의 영향을 받지 않는, 개인의 존엄성에 대한 자부심입니다. 진정한 자존심은 상대의 자존심도 인정하는 것으로 이어집니다.**

　단순한 우월감은 상대의 자존심을 인정하는 것이 아니라 오히려 깔보는 감정입니다. 자존심과 우월감은 비슷한 것 같지만, 사실 전혀 다른 것입니다.

　스스로에 대한 자부심이 있는 아이는 긍정적이기 때문에 친구들과 잘 공감하고, 그로 인해 주변에 좋은 친구가 많습니다. 살아가는 데 있어서 정말 중요하다고 어른들이 말하는 건강한 인맥은 그렇게 만들어지는 것입니다.

마음 성장 20

부모의 고독이
자녀에 대한 과잉기대, 과잉간섭, 체벌로
연결되는 경우가 적지 않습니다.

외로운 부모는 감정을 표출할 수 있는 대상이 자녀밖에 없기 때문에, 결과적으로 본인 불안의 대부분을 자녀에게 전달하게 됩니다.

때로는 부모의 외로움과 불안이 학대나 체벌의 형태가 되어 아이를 향하기도 합니다. 부모 본인은 자식을 학대하고 있다고 의식하지 못하지만, 결과적으로는 학대를 하고 있는 것입니다.

아이를 위하는 마음에 때리는 것이라고 생각하며, '이 아이는 그런 훈육 방식으로 키우면 안 됩니다'라는 조언을 들어도 결국은 참지 못하고 때리는 행위를 반복합니다.

예를 들어, ADHD(주의력결핍·과잉행동장애)나 LD(학습 장애) 유형의 아이는 체벌이나 엄한 훈육을 지양해야 한다고 조언해도, '혼내지 않는 것이 도저히 불가능하다' '아무리 애를 써도 참을 수가 없다'라고 토로하는 경우가 있습니다. '아이를 위해서 혼내지 말아야 한다'는 것을 알고 있으면서도 실천하지 못하는 것입니다. 사실 아이를 위하는 마음으로 혼내는 것이 아니라, 단지 자신의 감정을 참지 못하기 때문에 혼내는 것입니다. 그럼에도 '아이를 위해서 혼낸 것이다'라며 자신의 행위를 정당화합니다.

ADHD나 LD 유형이 아니더라도, 자녀에게 과잉 간섭하는 경우는 매우 많습니다. 고독한 부모일수록, 자녀에게 과도한 기대를 하는 경향이 있습니다.

고독은 남에게 사랑받지 못하는 상태입니다. 그러다 보니 자신을 사랑하게 되고, 타인을 사랑하기보다 자기에 대한 사랑이 강해집니다. 본인은 아이에 대한 사랑의 '결과'라고 생각하지만, 그것이 자기애라면 아이에 대한 애정이 아닌, 과잉간섭으로서 작용하게 됩니다.

이러한 과정으로 부모의 고독이 자녀에 대한 지나친 간섭으로 이어진다는 것을 알아 두어야 합니다.

과잉간섭을 하는 부모에게 '과잉간섭은 그만두는 편이 좋아요' '그렇게 꾸짖지만 말고 다정하게 키워주세요' 라고 조언을 해도 효과가 없습니다. 머리로 이해하면서도 실천에는 속수무책입니다.

유일한 해결책은 부모를 고독으로부터 구해 주는 것입니다.

아무래도 전업주부 여성이 고독한 경향이 많습니다. '고부 갈등으로 왕래 없음, 친정과 멀리 살고 있음, 출산과 동시에 직장을 그만둠, 이웃이나 친구와 교류 없음' 등 다양한 사정으로 인해 집에 있는 시간이 증가한 전업주부 어머니는 종일 아이하고만 지내는 고독 육아와 마주하게 됩니다. 게다가 아버지가 야근으로 늦게 귀가하고, 대화할 시간도 별로 없다면, 어머니의 고독감은 더욱더 깊어지게 됩니다. 그것이 결과적으로 아이에 대한 과잉간섭으로 이어지고, 때로는 학대로 연결되기도 합니다.

이유가 어찌 되었건 이런 우려가 있을 때, 제가 항상 추

천하는 것은 뭐든지 좋으니 어머니가 취미를 만들고, 밖으로 나가 자기 시간을 가지고, 친구들을 사귀는 것입니다. 지역 요리 교실이라도, 배드민턴 동호회라도 어떤 것이든 상관없습니다. '아이가 있어서 나를 위한 시간을 낼 여유가 없다'고 생각하지 말고, 아이를 위해서 자신을 고독 속에서 구해내 주십시오.

보통 과잉간섭의 육아에 빠지는 어머니는 불안감이 강하고, 쉽게 친한 친구를 사귀기 어려워하는 경향이 있습니다. 갑자기 무리하지 말고, 조금씩 자신의 세계를 펼쳐 나가십시오. 이것은 어머니뿐만 아니라 과잉간섭형인 아버지도 마찬가지입니다. 회사 동료는 있지만, 마음을 토로할 '친구'는 없는 아버지가 자신의 고독을 아이에 대한 과잉기대, 과잉간섭으로 연결하는 일이 적지 않습니다.

마음 성장 21

맞벌이 가정에서
아버지와 어머니의
'자연스러운 역할'을 무리하게 없애고
동등하게 만들지 않는 편이 좋습니다.

일부에서는 모성(母性)과 부성(父性)의 역할이 원래 따로 있는 것이 아니라는 의견도 있지만, 저는 지금까지의 경험으로 미루어 봤을 때, 역시 '모성'과 '부성'은 별개로 존재한다고 생각합니다.

기본적으로 부성은 사회적인 규칙과 옳고 그름, 인생의 방향과 이상적인 삶, 가치관 등을 자녀에게 가르칩니다. 그리고 모성은 조건 없는 사랑과 허용이 주는 편안함과 안정을 자녀에게 제공합니다.

물론 어머니에게 '부성적'인 부분도 있고, 아버지에게

도 '모성적'인 부분이 있으므로, 가끔 부모가 역할을 전환하거나, 한 부모가 두 가지 역할을 모두 담당하는 것도 가능은 합니다. 하지만 일반적으로는 가정 내에서 아버지가 사회적 규범을 가르치고 어머니가 정서적 안정감을 주는 역할을 주로 합니다.

아이 관점에서 보면, 아버지는 엄격하고 다소 까다롭지만, 어머니에게는 어리광을 부려도 되는 편안함이 있는 것입니다.

저는 자식을 애지중지하는 편이어서 아이들에게 매우 다정한 아버지였는데, 그래도 세 아들은 언제든 어머니 곁에 있는 것을 더 편안해했습니다. 레스토랑에 가도 아이들은 서로 다투며 엄마 옆에 앉고 싶어 했습니다.

현대의 부부는 여러 가지 형태입니다. 어머니가 밖에서 열심히 일하고, 아버지가 가정에서 육아나 가사를 담당하기도 합니다. 그래도 아이들은 엄마에게 찰싹 달라붙어 어리광을 부리고 싶어 합니다. 어머니의 향기를 좋아하는지, 촉감을 좋아하는지, 그보다 더 보편적인 무엇이 있는 것인지는 알 수 없고, 정말 불가사의합니다.

이것은 장애아를 보면 더 분명합니다. 장애가 없는 아이들은 크고 나서는 어머니에게 달라붙는 것을 쑥스러워하며 일부러 피하고, 아버지 곁으로 오기도 하는데, 장애아는 그런 면에서는 감정에 솔직합니다. 일상적으로 아무리 아버지가 손을 잡고 돌봐주려고 해도 아이는 꼭 엄마 쪽으로 가려고 합니다.

부모가 둘 다 있는 아이는 대체로 아버지보다는 어머니 곁을 더 편안해하고 안심하는 것이 분명하다고 생각합니다.

가족마다 형편과 사고방식은 다양하겠지만, 부모가 양쪽 다 있다면 무리하게 '아버지와 어머니가 똑같이 양육을 부담한다' '완전히 평등하게 역할을 분담한다' '역할을 서로 바꾼다'는 굳이 필요하지 않을 것 같습니다.

물론, 어머니는 직장에 다니지 말고, 가정에서 육아에 전념해야 한다는 뜻이 아닙니다. 장보기, 분리수거, 아이 목욕, 유치원 등원 등은 부모 누구든 할 수 있는 사람이 하면 됩니다.

하지만 아주 근본적인 부분에서, '아버지는 사회적인

규칙이나, 삶의 방식, 이상, 가치관 등을 가르친다' '어머니는, 안락함과 편안함을 준다' 라는 역할은 그대로 지극히 자연스럽게 가지고 가는 것이 좋다고 생각합니다. 가족 내에서 지극히 자연스러운 역할의 차이를 수행할 수 없다면 그것이 더 걱정입니다.

모성이란 아이가 자신의 존재에 긍정적 자부심과 자신감을 느낄 수 있도록 해주는 감성을 기르는 기능이라고 생각합니다.

'맞벌이라서' '한부모라서' 아이가 건강하게 자라지 못한다는 것은 결코 아닙니다. 하지만 다행스럽게 부모가 모두 있으면 어머니, 아버지의 역할은 '가능한 범위에서 있는 그대로가 좋은 것이다' 라는 마음으로 하는 것이 가장 바람직하다고 생각합니다.

마음 성장 22

한부모 가정의 어머니는
때로는 지나치게 '부성적(父性的)'이
되는 경우가 있습니다.
우선 모성적(母性的)인 것을 충분히 주십시오.

최근에는 홀로 아이를 키우는 싱글맘이나, 싱글대디 가정이 드물지 않습니다.

한부모의 마음속에는 '아이가 혹시 어긋나지는 않을까' '건강하게 잘 자랄까' 라는 걱정이 적지 않을 것입니다. 한부모 가정이 증가하고 있음에도, 대다수의 육아서가 양쪽 부모가 모두 있는 것을 전제로 쓰여 있다보니 더 불안이 커지는 것일지도 모릅니다.

하지만, 한부모 가정이라고 해서 아이가 건강하게 자라지 못하는 것은 아니기 때문에 우선, 안심하십시오.

옛날에는 전쟁 등의 국가적 어려움으로 어린아이를 혼자 키웠던 어머님, 아버님도 많이 있었습니다만, 자녀들을 훌륭하게 키우셨습니다. 제 지인 중에도 부모님을 일찍 여의고 어릴 적부터 조부모 밑에서 자란 사람이 있는데, 기품있고 훌륭한 어른으로 성장하였습니다.

확실히 육아는 양쪽 부모가 다 있는 편이 일반적으로는 편할지도 모릅니다. 그러나 '이혼하는 편이 아이에게 도움이 된다'는 경우도 있습니다. 폭력을 행사하는 남편과 '아이를 위해서'라는 이유로 결혼 생활을 억지로 계속하는 것은 결과적으로 아이를 위하는 것이 아닙니다. 그런 경우에는 떨어져 사는 편이 훨씬 좋다고 생각합니다.

'모성(母性)'은 어머니가 '부성(父性)'은 아버지가 주는 것이 자연스럽기는 하지만, '부성적(父性的)인 면'은 어머니에게도 있고, 아버지에게도 '모성적(母性的)인 면'이 있습니다. 어머니가 부성적인 역할을 할 수도 있고, 때로는 조부모가 모성적인 역할을 할 수도 있습니다. 부성적인 부분은 학교에서도 많이 받을 수 있습니다.

이혼 후 어머니가 아이를 맡았더라도 크게 걱정할 필요

는 없습니다.

단지, 조금 유의해야 하는 것은 '아버지가 없으니, 나라도 대신'이라는 생각으로 어머니가 무리하게 아버지 역할을 하려고 하는 것입니다. 즉, 지나치게 부성적이 되는 것입니다. 아이를 위해서라고 생각한다 해도, 너무 엄하게 가르치거나, 아이의 부족한 부분에 대해서 꾸짖거나 나무라지 마십시오.

부성적인 부분 즉, '사회적 규칙'은 모성적인 것을 충분히 경험한 후에 배워야 합니다. 아이들은 많은 사랑을 받고, 자신의 희망을 충분히 들어주고, 자기를 있는 그대로 받아 주었다는 경험이 있어야 비로소 자기에게 자신감을 가지게 되고, 그로부터 타인에 대해 공감할 수 있게 됩니다. 그 토대가 있어야 '놀이의 규칙' '사회의 결정'이라고 하는 규범을 '당연'하게 받아들일 수 있게 되는 것입니다.

'제대로 키워야 한다'는 강박관념 때문에 예의범절, 사회적 규칙, 공부 지도 등 부성적인 부분을 중심으로 육아를 하면, 아이는 받아들일 수 없고, 그 결과 반항적, 폭력적으로 되어 저항할 수밖에 없습니다.

우선 모성적인 보살핌을 충분히 주십시오.

'과잉보호는 안 된다, 애지중지하면 안 된다'고 지레 걱정하지 말고, 한부모라면 혼자서 두 사람 만큼의 응석을 받아준다는 생각으로 아이를 보듬어 주면 됩니다.

아이가 원하는 만큼 장난감을 사주거나, 용돈을 주라는 뜻이 아닙니다. '물건'과 '돈'을 받을수록 아이는 '더 많이'라는 에스컬레이터를 타게 되고, 결국 어떤 고가의 것에도 만족할 수 없게 될 것입니다.

매번은 아니더라도 아이가 좋아하는 요리를 만들거나, 같은 이불에서 자거나, 더듬거리는 이야기라도 끝까지 들어주십시오. 잘한 것은 칭찬하고, '이렇게 하는 것이 더 좋다'고 말하고 싶어도 참고, '그래. 그래'라며 단지 들어주세요. 가리는 게 있어도 혼내지 말고, 먹고 싶은 것만 먹게 해 주세요. 그랬다고 해서 아이가 잘못된 방향으로 성장할 일은 절대 없습니다. 어릴 때 브로콜리를 먹지 않아서, 잘못된 어른으로 성장했다는 이야기는 들어본 적이 없습니다.

마음 성장 23

서로 깊게 의존하는 부부라면
떨어져 지내도, 자녀가 없어도, 동성이라도
그 자체로 건강한 관계입니다.

부부는 어떤 관계일까요? 그 질문에 한 가지로만 대답을 하기는 어렵습니다. 국제결혼도 있고, 주말부부도 있고, 장기간 해외에서 떨어져 사는 부부도 있습니다. 부부간에 나이 차이가 많이 나는 경우도 있고, 근래에는 동성결혼도 자주 화제가 됩니다. 그러니 부부의 형태는 '이것이 유일한 정답입니다' 라는 것은 맞지 않습니다.

하지만 어떤 형태든 부부 관계라는 것은, 연애와는 조금 다르고, 우정과도 조금 다른 것입니다.

부부는 기본적으로는 서로가 매우 깊게 의존하는 관계

라고 할 수 있습니다. 단순한 애정을 넘어, 서로 자신을 그리고 상대를 똑같이 소중히 여기면서 존재하는 관계입니다.

인간은 완전한 고독 속에서 고립된 상태로는 건강하게 살아가기가 쉽지 않습니다. 그래서 많은 사람이 서로를 파트너로 선택한 사람과 함께, 서로 소중히 여기며 안정되게 살기를 바랍니다.

물론, 인간관계라는 것이 부부관계에만 한정되는 것은 아닙니다, 친구나 지인과도 정도의 차이는 있지만 서로 의존하며 살아가고, 그것으로 충분히 행복하고 만족스럽다고 느끼는 사람도 있습니다. 하지만 많은 사람이 친구나 지인과의 상호의존 관계만으로는 어딘지 부족하다고 느낍니다. 더욱더 깊고, 서로 일상을 충분히 의존할 수 있는 상대를 찾습니다. 저는 그것이 부부관계라고 생각합니다.

부부의 상호의존 관계는 정신적인 의존은 물론이고, 물리적 의존도 있을 것입니다. 그 양쪽을 적당히, 상대와 자신의 상태에 맞게 여러 가지 형태로 실현하는 것이 '부부'라는 관계입니다.

그래서, 세상에는 많은 형태의 부부가 존재합니다.

극단적인 예를 들면, 사르트르와 보부아르처럼 필요할 때만 만나고, 물리적으로는 거리를 두고 사는 관계도 있습니다. 그들 둘, 모두에게는 그것이 최상의 관계였으며 서로의 창작활동을 지속하는 데 있어서 가장 좋은 형태였다고 생각합니다. 그들은 정신적으로 매우 깊은 상호의존이 있었을 것입니다.

필요할 때 만나서 함께 살다가, 일 때문에 따로 사는 것이 좋은 시기가 오면, 잠시 떨어져 사는 관계는 서로가 진심으로 깊게 신뢰하고, 상호의존 관계이기 때문에 가능하다고 할 수 있습니다.

하지만 '상호의존 관계가 되어 있다'고 생각하고 있어도, 자신보다 형편이 좋은 상대에게 의존하면서도, 상대가 자신에게 바라는 의존에는 응하지 않는 경우, 그 부부 관계는 무너져 버립니다.

서로가 신뢰하고 의존할 수 있는 존재인지 여부, 그리고 서로가 상대의 의존에 응할 수 있는 존재인지 여부, 그것이 부부에게 있어서 가장 중요하다고 생각합니다.

서로가 어느 부분에서 상호의존하는가는 부부에 따라서 다릅니다.

정신적 의존만을 공유하는 것이라면, 사르트르와 보부아르 같은 관계도 유지할 수 있을 것입니다만, 한쪽은 정신적 의존만을 추구하고, 한쪽은 물리적 의존을 강하게 요구하고 있는 경우는, 건실한 상호의존 관계를 계속 유지하기는 어려울 것입니다.

경제적으로 아무리 힘들어도 함께 있고 싶다는 형태로 서로 의지하는 부부는 절대 떨어져 살지 않는 것이 잘 될 것이고, 누구보다 신뢰하고 있지만 일의 종류나 방법은 완전히 다른 경우는 주말에만 함께 사는 것이 훨씬 적당한 형태일지도 모릅니다.

흔히 '자식은 부부를 이어주는 끈이다'라고 합니다만, 아이가 없어도 부부 사이에 깊은 상호의존의 관계가 성립되어 있으면, 그 부부의 관계는 매우 건강하다고 생각합니다.

마음 성장 24

사람을 존경하는 마음,
공감하는 마음이 없으면
선인(先人)의 훌륭한 업적을
계승할 수 없습니다.

일찍이 오코노기 케이고(小此木 啓吾) 선생님이 출간한 《모라토리엄 인간의 시대》(1978년)라는 책이 큰 화제가 된 적이 있었습니다. 그리고 책이 나온 당시의 대학생들을 '모라토리엄 세대'라고도 불렀는데, '신인류(1980년대 중반 이후, 보수적 세대와 다른 가치관이나 감성을 가진 젊은 세대를 새로운 인종으로 칭한 용어)' 세대와도 겹칩니다.

모라토리엄(moratorium)은 '유예'라는 의미입니다만, 이 경우는 한 명의 사회인으로 일하기 전에 유예기간을 부여받은 학생들을 말하거나, 학생에게 한정하지 않더라도 그러한 상태를 계속 이어가고 싶어 하는 사람들을 말합니다. 주로 고도 성장기에 학생 운동에 참여하던 학생들을 지칭하는 말로 쓰였으나, 이 책에서는 그것이 사회 전체의 특징으로서 논해지고 있습니다.

꼭 부정적인 관점으로만 논의되고 있는 것은 아니지만, 모라토리엄 본질의 가장 핵심적인 문제 중 하나는 '당사자가 되지 않는다, 방관자가 되려고 한다'는 점을 들 수 있습니다. 그와 동시에 '선인(先人)의 업적을 계승하지 않는다, 계승하는 것을 좋아하지 않는다, 전통의 계승을 싫어한다' 라는 것이 또 하나의 특징입니다.

그 생각이 무조건 나쁘다고 단언할 수 있는 것은 아닙니다(때로는 계승하지 않는 편이 나은 전통도 있기 마련입니다).

단지, '선인의 것은 계승하지 않는 것이 좋다, 계승하는 것은 좋지 않다' 라고 생각하는 경향이 강해지면, 극단적인 예로, 과거를 하나도 배우지 않은 채, 갑자기 새로운 것을 시작하고, 그것이 가장 좋은 것이라고 생각합니다. 이것은 좋은 현상이 아닙니다.

사실, 아무리 새롭게 보이는 것도 결국은 과거의 역사

위에 쌓아 올려져 있는 것입니다. 그리고 그런 것만이 후세에 남는 창조물이 됩니다. 그렇지 않은 것은 아무리 순간적으로 유행을 하고, 세상의 화제가 되었어도 곧, 사라져 버리는 찰나적인 것이 되고 맙니다.

한 시대를 유행하던 노래라고 해도, 곧 잊히는 것과 오랫동안 불리는 것이 있습니다. 계승된 음악의 역사 위에 다양한 형태로 창조된 독창성을 쌓아 올린 것이 명곡이 되는 법입니다.

선인의 일과 업적을 계승할 때, 우선 전제가 되어야 할 것은 먼저 선인을 존경하는 것입니다. 즉 그것은 공감과 같은 것입니다. 존경이라는 감정은 경쟁 원리 속에서는 절대로 자라지 않습니다. 우월감이나 열등감의 결과로 생겨나는 감정이 아닙니다.

지역 공동체나 가정이 아이의 감성을 키워주기 위해 필수로 음악이나 미술 조기 교육을 해야 하는 것은 아닙니다. 아이는 가정이나 학교에서 다른 사람과 함께 기뻐하고, 다른 사람이 슬퍼하면 함께 슬퍼하면서, 사람과 공감하는 마음을 키우게 됩니다.

공감하는 마음이 있으면, 아이에게는 비로소 존경과 감사라는 감성이 생겨납니다. 그 감성이 있어야 훌륭한 예술 작품에 공감하거나 그것을 창조한 사람을 존경할 수 있습니다. 그리고 그 존경하는 상대를 신뢰하고, 충분히 의존하여, 건강한 모방을 하게 됩니다. 이 과정이 없다면, 그다음 단계인 '자립'과 '독창성'은 피어나지 못할 것입니다.

마음 성장 25

창조성과 독창성은
'모방'으로부터 태어납니다.
아이에게 '다른 사람을 따라 하지 말라'고
가르칠 필요는 없습니다.

'아이의 창조성을 키우고 싶다, 독창성을 키우고 싶다, 창의력을 가지게 하고 싶다'는 이야기들을 많이 합니다. 아이가 따라 그리기 견본 없이 자유롭게 그림을 그리고, 원하는 대로 몸을 움직여 춤을 추고, 떠오르는 대로 멜로디를 만들어 노래하는 것이 창조력으로 연결되는 아주 좋은 방법이라고들 말합니다.

물론 이런저런 제약을 받지 않고, 아이가 원하는 대로 놀이처럼 마음껏 즐기고 있다면 더할 나위 없이 좋은 일이라고 생각합니다. 하지만, 그것이 반드시 '창조성'으로 연결되는가 하면, 꼭 그런 것은 아닙니다. 고고학자이자 고쿠카쿠인대학교의 명예교수였던 故 히구치 키요유키 선생님은 '창조는 모방에서 시작된다'고 말씀하셨습니다. 표현은 다를 수 있지만, 동서고금의 많은 사람이 이와 비슷한 말을 합니다.

정말 그렇습니다. 모든 예술은, 동식물이나 자연의 아름다움을 모방하는 데서 시작되었다는 말도 있습니다.

가까운 예로 브람스 교향곡 1번은 베토벤의 기법을 본떠 만든 심포니로 베토벤의 여러 작품과 유사하다고 합니다. 하지만 그렇다고 해서 브람스 교향곡 1번을 '창작이 아니다, 표절이다'라고 하는 사람 없습니다. 오히려 베토벤 교향곡 10번이라고 칭해도 좋을 만큼의 가치가 있다고 평가되고 있습니다. 그 뒤로 브람스는 교향곡 2번, 3번… 등을 계속 작곡하며 자신의 독창성을 활짝 피웠습니다.

순수 미술 화가를 목표로 미술대학에 입학하면, 뛰어난 고전 작품을 모사하는 과제를 수행한다고 합니다. 어느 쪽이 진짜인지 모를 정도로 충실히 모방할 수 있어야 독창성, 자신의 창조성을 발휘할 수 있다는 것입니다.

먼저 선인들이 쌓아온 업적과 작품을 모방하면서, 깊이를 깨닫게 되고, 기술을 배우게 됩니다. 창조성이 있는 작업의 배경에는, 반드시 이러한 모방의 과정이 있습니다.

자폐증이 있는 아이는 창조력과 창조성을 가지는 것이 어렵고, 정해진 일과나 습관 이외의 일을 하면 두려워하며, 불안을 느낍니다. 창조성이 없다는 것은 모방할 수 없기 때문입니다. 자폐증이 있는 사람은 무언가를 흉내 내는 것을 매우 싫어합니다. 그 때문에 창조성이 자라기 어려운 것입니다.

'모방한다는 것'은 그 자체로서 정말 중요합니다. 창의력을 키우기 위해서는 '나만의 것을 만듭시다' '다른 사람을 흉내 내면 안 됩니다' 라고 할 필요 없습니다.

음악이든 회화든 과거의 뛰어난 명작들을 접할 기회를 마련해 주셨으면 좋겠습니다. 그렇다고 해서 영유아를 콘서트나 미술전에 무리하게 데리고 갈 필요는 없습니다. 도서관에서 가끔 같이 화집을 보거나, 집에서 부모님이 가지고 있는 고전 음악을 듣는 것으로도 좋습니다. 그리고 아이가 어떤 것에 마음이 동해서, 모방하려고 하면 크게 기

뻐하며 칭찬해 주십시오.

어렸을 때, 만화를 너무 좋아해서 좋아하는 만화에 비치는 종이를 대고 따라 그리거나, 그대로 흉내 내서 그리다가 나중에 커서 유명한 만화가가 된 사람도 많이 있습니다. 저는 만화를 그다지 잘 모르고, 록 음악도 잘 모르지만, 감성이란 것은 사람마다 제각각 다릅니다.

어떤 분야에서든 뛰어난 것을 보고, 그것을 모방하는 것에서 창조는 시작됩니다. 그로부터 비로소 독창적인 작품이 태어나므로, 아이가 제대로 '모방'을 즐기도록 하는 것이 좋습니다.

마음 성장 26

자주성과 주체성이 있어서
모방할 수 있고,
창조성을 발휘할 수 있는 것입니다.

창조성에는 자주성과 주체성이 꼭 필요하므로 그것들이 손상되지 않도록 해야 합니다.

자주성, 주체성이 손상되지 않는다는 전제가 없으면 창조성은 절대 탄생하지 않습니다. 실제로 자주성이 없는 사람에게서는 모방성도 생기지 않습니다.

자주성을 키우기 위해서 꼭 필요한 것은 자기에 대한 자신감을 가지는 것이고, 자신감이 있어야 자율성이 자랍니다. 자립 이전이며, 정신기능이 미분화된 상태인 어린 시절에, 자신의 욕구가 주변 사람들에 의해 얼마나 채워졌는가에 따라 자신감의 정도가 크게 좌우됩니다.

어린 시절에 충분한 의존을 체험했다면, 자신감을 소유하고 있고, 자신의 존재에 대한 긍지를 품고 있습니다. 그와 동시에 동료나 뛰어난 사람에 대해 공감하고, 감사하는 감정을 쉽게 느끼기 때문에, 안심하고 사람을 존경하고 신뢰합니다. 그렇기 때문에 '이것은 멋지다'라고 생각하는 것을 모방할 수 있는 것입니다.

아이는 자신의 자주성으로 훌륭하다고 느낀 것을 먼저 모방합니다. 그리고 자주성과 주체성으로 독창적인 것을 창작하는 창조성을 향해 갑니다. 그 과정에서 풍부한 감성이 더욱더 연마되고, 그 결과로 자신이 가진 것에 대해 자만하는 우월감이 아닌, 매우 건강한 자부심을 얻게 됩니다.

아이의 창조력이 성장하는 것의 기반은 어린 시절에 사람을 믿는 힘을 키우는 것입니다. 사람을 믿는 힘은 감사와 존경의 감정과 직결됩니다. 그리고 그것이 자신을 믿는 창조성으로 이어지게 됩니다

이 프로세스를 알게 되면 아이를 키우는 것이 매우 즐거워지리라 생각합니다. 아이 모두가 천재가 되는 것은 아니

지만, 그래도 그 아이가 가지고 있는 힘을 확실히 끌어낼 수 있습니다.

그러기 위해서 아이가 얼마나 의존할 수 있게 해줄 수 있는가, 아이가 얼마나 안심하게 해 줄 수 있는가. 그것이 앞으로의 창조적인 삶으로 계속 연결되는 것입니다.

사람으로부터 훌륭함을 배우지 못하는 사람, 모방할 줄 모르는 사람이 창조성을 가질 수는 없습니다.

자주성, 주체성, 자신감, 풍부한 감성, 감사하는 마음, 공감하는 힘, 존경하는 마음, 창조성 등 아이에게 키워주고 싶은 것이 너무 많다고 생각될지도 모르겠습니다만, 그것들은 모두 연결되어 있습니다. 영재교육만으로 미술과 스포츠 능력을 키울 수는 없으며, '존경심'을 가르칠 수도 없습니다.

모든 것을 건강하게 키우기 위해서는 어린 시절에 부모에게 의존하는 경험을 충분히 주는 것이 전제입니다. 부모가 해 주고 싶은 것이 아닌, 아이가 바라는 것을 최대한 실현해 주는 것입니다. 아이를 진심으로 안심시켜 주는 것. 그것이 결과적으로 아이의 자주성, 주체성, 풍부한 감성, 그리고 창조성의 원천이 됩니다.

마음 성장 27

초등학교 쉬는 시간과 방과후는
인생에서 가장 소중한 것을
배우는 귀중한 시간입니다.

시대에 따라 유치원이나 어린이집, 그리고 학교 선생님의 역할에 대한 요구가 조금씩 변합니다.

지금 교육에 종사하는 분들에게 제가 가장 요청하고 싶은 것은 학력의 낙오자가 아닌, '휴식 시간의 낙오자'를 없애 주었으면 하는 것입니다. 인간에게 있어서 동료들과 자유롭고 즐겁게 커뮤니케이션하는 것은 본능적이고, 가장 중요한 것입니다. 그것이 없는 상태에서는 어떤 과제를 줘도, 공부를 가르쳐도 그것은 본연의 실체가 없는 것이 되어버립니다.

학교생활에 있어서 쉬는 시간과 방과후는 어떤 의미에서는 수업 시간 이상으로 소중합니다. 특히 요즘 아이들에게 있어서는, 예전보다 더 중요한 시간입니다. 예전의 아이들은 쉬는 시간과 방과후가 즐겁고 재미있어서 어쩔 줄 몰라 했습니다. 쉬는 시간이든, 점심시간이든 운동장에서 뛰어다니며 녹초가 될 때까지 열심히 노는데 몰두했습니다. 그랬기 때문에 심신이 모두 건강했다고 생각합니다.

요즘 아이들은 예전만큼 친구들과 함께 쉬는 시간과 방과후를 즐기지 않는 듯합니다. 수업 시간에 본 테스트 점수가 나빴거나, 준비물을 잊고 와서 선생님께 주의를 들었거나, 감기 기운이 약간 있더라도 일단은 까맣게 잊고, 학교 운동장에 뛰어나가는 것이 사실은 최고의 약일 텐데, 그렇게 하지 못하는 것으로 보입니다. 방과후에는 여러 가지로 배우는 것이 많다 보니, 다들 학원에 가느라 바쁘기 때문일지도 모릅니다. 점심시간에도 좀처럼 요즘 아이들은 '다음에는 저걸 하자, 이걸 하자!' 라며 친구들과 새로운 놀이를 궁리하고, 놀이에 열중하는 일이 적은 듯합니다.

교육자들은 쉬는 시간과 방과후의 의미를 더 많이, 확실하게 알려주어야 한다고 생각합니다. 예전 아이들은 스스로 이 시간을 통해 서로 배웠습니다. '배움'의 능력도 갖추고 있었습니다.

학교뿐만 아니라 지역사회나 가정에도 그런 토양이 있었습니다. 그래서 예전 선생님들은 쉬는 시간이나 방과후 같은 건 아이들에게 맡겨 두고, 수업시간에만 충실하면 됐습니다.

그러나 지역사회나 가정 안에서 '아이들끼리 서로 배운다'는 토양이 없어지고 있는 지금, 학교 쉬는 시간이나 방과후는 공부보다 인간으로서 더 중요한 감성이나 감정을 키우기 위한 귀중한 시간입니다.

옛날이라면 맑은 공기, 깨끗한 물처럼 '즐겁고 건강한 쉬는 시간과 방과후'는 지극히 당연하였습니다. 하지만, 이제는 공기나 물과 마찬가지로 노력하고 소중히 하지 않으면 가질 수 없는 것이 되어 가고 있습니다.

어른들은 쉬는 시간과 방과후가 아이들에게 얼마나 중요한 것인지 다시 한번 깊게 인식해 주시길 바랍니다.

왕따 문제를 해결해가는 힌트도 쉬는 시간과 방과후 안에 있을 수 있습니다.

방과후에는 아이들도 각자 배우는 일과 학원 때문에 바쁘고, 그렇다고 학교 안에서 노는 것은 안전관리가 걱정되는 등 좀처럼 '쉬는 시간' '방과후'를 마음껏 즐기게 하는 것이 간단하지 않을지도 모릅니다.

하지만 아무리 짧은 시간이라도, 놀이기구가 있든 없든, 놀이 공간이 실외에 있든 없든 간에 요즘 아이들도 '노는 능력'과 '서로 배우는 능력'을 잠재적으로 가지고 있습니다. 그것을 조금씩 꺼내서 늘려갔으면 좋겠다고 생각합니다.

아이들이 노는 모습을 멀찍이서 지켜보며, 너무 도와주지도 말고, 너무 많은 것을 준비하지도 말고, 너무 걱정하지도 말고, 아이의 성장을 가만히 기다려 주셨으면 좋겠습니다.

마음 성장 28

자신이 타인에게 어떻게 보이는지,
필사적으로 탐구하는 것이 사춘기입니다.
거울을 계속 보는 것도, 연애에 빠지는 것도,
당연한 현상입니다.

사춘기의 아이는 다루기 어렵다고 생각하는 부모님들이 많을 것입니다. 하지만 걱정하기 전에, 인간 발달과정에서 '사춘기'가 어떤 단계인지를 먼저 알아 두는 것을 권하고 싶습니다.

사춘기가 되면 성적 충동이 높아지고, 신체도 큰 변화와 성장을 이룹니다. 정신적으로도 큰 변동이 있습니다. 잠재적인 성에 대한 의식의 반작용으로 강한 반응이 나타나 격동하는 것입니다.

큰 성장을 이루는 시기가 되면, 유아기 때 그랬던 것처럼 큰 반항기가 찾아오기 마련입니다. 사춘기 반항은 반항기의 총정리와 같아서 가장 심각하고 큰 사건이 됩니다. 자칫하면 부모도 거기에 말릴 수도 있으므로, 가능한 한 감정에 여유를 가지고 대처하는 것을 권하고 싶습니다. 우선 자녀에게 반항기가 오면 '드디어 왔군' 이라며 흔쾌히 맞이해주는 정도가 적당합니다. 아이들도 자기 안에서 일어나고 있는 정신적 탈피나 개조에 직면하면서, 어떤 의미인지, 어떻게 해야 하는지를 몰라 괴로워하는 시기입니다.

아이는 맨 처음 유치원과 초등학교에서 만난 동료들과 놀이와 공동작업을 경험하면서, 주변, 단체, 사회 속에서의 자신의 위치와 역할에 대해 인식하게 됩니다. 그것이 아이가 사회로 나가기 위한 최초의 준비입니다. 그 시기를 끝냄과 동시에 사춘기에 접어들게 되고, 본인에게 주어진 사회적 역할을 염두에 둔 채, 서서히 자기를 객관적으로 보기 시작합니다. 사회, 즉 주위의 사람들 속에서 자기 존재의 의미, 적성을 찾기 시작하는 것입니다. 그것이 바로 '나는 주위 동료와 타인에게 어떻게 보이는지'를 인식하는 감각의 축적입니다.

'스스로 자신을 바라보는 것이 중요하다'라고 종종 이야기합니다. 하지만 아무리 거울을 들여다봐도 딱히 자기 내면의 실체가 보이진 않습니다. **자신을 보기 위해서는 남의 시선이 필요합니다. 타인에게 어떻게 보이는지, 어떻게 평가되고 있는지를 헤아려보고, 그것으로부터 자신의 개성, 적성, 능력 등을 인지해 가는 것이 '스스로 자신을 바라보는 것'입니다.** 그렇기 때문에 사춘기 청소년들은 타인의 시선을 많이 의식합니다. 그 중 특히 동료인 친구의 평가를 매우 중요하게 생각합니다. 복장과 외모는 물론이고, 여러 가지로 친구의 평가를 많이 의식하는데, 내가 오늘 입은 옷을 친구는 어떻게 생각하는지, 머리 모양은 친구에게 어떻게 보이는지가 중요합니다. 그리고 그것을 점차 자기 동일성의 요소로 받아들여 갑니다. 분명 자기는 사회에서 이러한 개성, 능력, 적성이 있는 것 같다고 자각하는 것으로, 그 후의 진로와 삶의 방법을 결정하는 것입니다.

하지만 **사춘기에 놓인 아이가 사회의 상식적인 가치관을 기준으로 충분한 평가와 호의적인 반응을 받지 못하면,**

건강한 '자아상'을 형성하지 못합니다. 즉, 가족, 학교 친구, 지역 사람들, 교사들의 승인과 인정을 받지 못하는 경우를 말합니다. 성적이 나빠도, 운동 실력이 서투르더라도, 외모가 특출나지 않더라도, 그런 것으로 무시당하지 않고, 주위 사람들이 아이가 가진 장점을 발견해 주고, 인간성이 좋은 부분 등을 정당하게 평가해 준다면, 그 아이는 건강한 자아상과 자기동일성을 사회 속에서 확립할 수 있습니다.

건강한 자아상과 자기동일성을 확립하지 못한 아이는 강한 불안을 느끼고, 정서가 불안정해집니다. 그 불안에서 벗어나기 위해, 비슷한 불안정함을 가진 동료와 무리를 만들기도 합니다. 때로는 그것이 폭주족 같은 그룹이 되기도 합니다.

중학생들이 아침에 1시간이나 걸려서 머리 모양에 신경을 쓰고, 나가기 전에 몇 번씩이나 옷을 갈아입어도 그건 아주 평범한 일입니다.

때로는 걱정될 정도로 공부만 열심히 한다는 아이도 있습니다. 어느 쪽이든 **사춘기 아이들은 필사적으로 어떤 평**

가를 받을지 알고 싶어 하고, 상대방으로부터 원하는 평가를 받지 못하면 어떻게 해야 좋을지 고민합니다. 평가해 주었으면 하는 상대가 학교 선생님, 남녀 불문 친구라면 자연스러운 것입니다.

이 시기의 연애는 이성에 대한 성적 호기심이라기보다는 사실 '상대 이성에게 자신이 어떻게 생각되고 있는지'를 집중적으로 탐구하고 싶어 하는 발달상의 의식과 같은 것으로, 연애를 위한 연애를 하고 있다고도 할 수 있습니다.

마음 성장 29

연애란 자신을 사랑하는 감정입니다.
큰 실연을 겪더라도,
보석을 하나 잃은 정도입니다.

사춘기가 되면 누구나 사랑을 합니다. 사랑을 동경하기만 할지도 모르지만, 많든 적든 '이것이 사랑이다' '이것은 사랑임이 틀림없다'라고 하는 상대를 찾아냅니다. 물론 연애는 사춘기 소년·소녀만 겪는 것은 아닙니다. 70살이든, 80살이든 연애 감정을 가지는 것은 부자연스러운 것이 절대 아닙니다.

단지, 젊었을 때의 연애라는 것은 당사자에게 아주 큰 사건이라서 연애가 끝나 버리면, 죽고 싶다, 상대를 죽이고 싶다고 생각할 정도로 고민하는 일도 적지 않습니다.

때로는 그것을 정말로 실행해 버리는 일도 일어납니다.

애정이라는 것이 본래는 자신이나 타인에게 상처를 주는 것이 아닐 터인데, 왜 그런 일이 일어나는가 하면, 그 연애가 상대방에 대한 애정이 아니라, 자기애(自己愛)였기 때문입니다.

연애가 한창일 때는 그 누구라도 상대방을 아주 좋아하고, 매우 소중히 여기고, '항상 그 사람만을 생각하고 있다' '나는 그 사람을 깊게 사랑하고 있다' 라고 생각하지만, 사실은 그렇지 않습니다. '연애'란 상대방을 소중히 하는 것임은 틀림없지만, 그것은 보석을 소중하게 생각하는 것과 같은 이치입니다. 보석을 항상 떠올리긴 하지만, 보석의 행복을 바라는 것이 아니고, 보석을 그리워하고 걱정하는 것은 아닙니다. 즉, 정말 좋아하는 것을 동경하고, 소유하고 싶은 '자기애' 입니다. 진정한 사랑이란, 진심으로 상대의 행복을 바라는 마음입니다.

하지만 연애 상대가 '미안, 너보다 더 좋아하는 사람이 생겼어' 라고 하면, 상대의 행복을 생각하며 '그래, 잘됐다' 라고 말해 줄 수는 없을 것입니다. 자기애가 아닌, 상대에 대한 애정이었다면, 자신이 선택되지 않더라도 상대의 선택을 축복해 줄 수 있어야 합니다. 연애 상대에게 '배신당했다'고 느꼈을 경우, '사랑'이라고 생각했던 감정은 슬픔, 고통, 분노, 적의, 때로는 살의로까지 변하기도 합니다.

연애 따위는 할 필요가 없다고 말하는 것이 아닙니다. 단지 '연애는 자기애'라는 것을 알고 있는 것이 좋다는 것입니다. 연애는 '마음속으로부터 상대의 행복을 진심으로 바란다'가 아니라, 사실, '자신의 행복을 바라는 감정'이며, '소유욕'입니다. 실연을 겪으면 누구나 큰 충격을 받지만, 사실 그것은 고가의 보석을 잃은 것과 같은 정도의 충격입니다. 아주 좋아했던 사람과 헤어지면, 다이아몬드를 잃어버린 정도의 충격일 것입니다. '딱 그 정도의 사건'입니다. 다이아몬드는 '물건'에 불과합니다. 비슷한 다이아몬드, 더 비싼 다이아몬드는 많이 있습니다. 시간이 조금 지나면, 다이아몬드보다 에메랄드나 루비를 원할지도 모릅니다. 놓친 물고기가 크게 느껴질 수도 있지만, 더 큰 물고기는 얼마든지 있습니다.

'그런 냉정한 감정으로 어떻게 연애를 할 수 있단 말인가' 라고 생각할 수도 있지만, 그래도 그 정도로만 생각하는 것이 딱 좋을 것 같습니다.

연애는 즐거운 것입니다. 서로 이기적인 애정을 품고, 서로 잘 맞물리고 있을 때는 정말 행복한 기분이 될 수 있습니다. 게다가, 연애에는 자기애, 소유욕, 또는 성적 충동이라는 본능적인 것들이 관련되기 때문에, 이론적으로 정리가 안 되는 부분도 많습니다. 그러므로 더욱더 '연애는 자기에 대한 사랑일 뿐이다' 라는 것을 기억해주시길 바랍니다.

실연은 자신에 대한 사랑이 상처를 받았기 때문에 괴롭고, 또 괴롭지만 '큰 물고기 한 마리가 도망가버린 사건', 그 이상의 일이 아닙니다. 그러므로 죽어버리고 싶다거나, 상대를 죽이고 싶다는 생각은 절대로 하지 말아야 합니다.

마음 성장 30
....

영유아기에 놓쳤기 때문에
'이미 늦었다' 라는 것은 없습니다.
몇 살이든지 다시 할 수 있고,
그렇게 해야 합니다.

사람에 대한 신뢰감, 스스로에 대한 자부심과 자신감 같은 감성은 가능한 한 이른 나이에 키워주는 것이 좋습니다.

하지만 만약 그러지 못했다고 해서 포기할 필요는 없습니다. 인간은 나이에 상관없이 언제든지 필요한 부분은 다시 학습할 수 있습니다. 영아기의 육아 과정 중에 부족했던 부분이 있으니 학령기나 사춘기, 혹은 그 이후라도 마저 채우거나 다시 시작해야 한다고 하면, 망설이지 말고 바로 실행해야 합니다.

다시 시작하는 시기와 방법에 따라서도 성과가 다르겠

지만, 개인차도 존재합니다. 영유아기와 완전히 똑같은 성과를 만들 수 있다고 장담할 수는 없지만, 그래도 저는 다시 시작하면 충분히 가능하다고 생각합니다.

영유아기에 놓친 발달을 다시 시작하려고 한다면, 현재의 나이가 몇 살인지에 상관없이 영유아기 때처럼 하는 것이 원칙입니다. 절대적이고 충분한 의존 경험은 아이 성장에 있어서 필수 요소지만, 만약 그것이 영유아기에 부족했다면, 학령기가 되고 나서든, 사춘기가 되어서라도 다시 제대로 해 주어야 합니다.

등교를 거부하는 아이, 거식증에 걸린 청소년, 혹은 비행이나 범죄에 빠져드는 청소년들을 상담하다 보면 그 원인이 유아기의 불충분한 의존 경험인 경우가 많습니다.

또, 경계성 인격 장애를 겪고 있는 청소년의 경우, 때에 따라서는 영유아기에 놓친 부분부터 다시 시작해야 할 수도 있습니다. 물론 청소년이 되고 나면 다시 시작해도, 미흡한 부분이 있을 수는 있지만 충분히 다시 시작할 수 있습니다.

아동이나 청소년이 자기 스스로 다시 시작하는 사례도

종종 있습니다. 예전에 T 의대 병원에서 상담을 받았던 남자아이 사례입니다. 그 아이는 초등학교 4학년이고, 언어 능력이 충분히 있는데도 말이 나오지 않는 소위 '함묵증'이라고 불리는 상태였습니다. 상담 도중, 아이는 정말 아기처럼 '응애, 응애' 하고 울었습니다. 실제 아기 울음소리와 구별이 안 되는 소리였습니다. 어떤 연습도 하지 않았는데 어떻게 그런 아기 울음 소리가 나올까 하고 감탄했을 정도로 아기 그 자체의 목소리였습니다. 그리고 처음 한 말은 '수간호사님 뱃속으로 들어가고 싶어요' 였습니다. 이 아이는 스스로 태아기부터 다시 성장하기를 선택한 것입니다. 그 아이는 그 후, 건강한 성장 과정을 거쳐, 일본 최고의 국립대학에 입학했습니다. 이 사례는 의대 병원에서 아직도 회자하는 이야기입니다. 저는 지금까지 이런 사례를 몇 번이나 보아 왔습니다.

등교 거부나 학습 장애를 겪고 있는 아이들을 위한 대안학교를 방문해 보면, 초등학교 3, 4학년부터 중학생들임에도 불구하고, 유아기 때처럼 느긋하게 놀 수 있는 자유로운 시간을 충분히 누리고 있습니다. 그곳을 다니는 아이들은 스스로 느긋한 시간을 보내는 것으로부터 다시 시작하는 것 같았습니다. 중학생들이 자유시간에 모여서 초등학교 저학년이 주로 하는 놀이를 즐기기도 합니다. 어른들의 응원을 받으며 그 시간을 보냄으로써, 그들은 이전에 하지 못하고 지나온 것들을 스스로 다시 하는 것입니다. 그러고 나면 본격적으로 자립의 스타트를 끊게 될 것이라고 저는 생각합니다.

아이의 육아 과정에서 놓쳤던 부분이나, 부족했던 부분은 언제든지 다시 시작하고, 채울 수 있습니다. 그리고, 꼭 그렇게 해 주어야 합니다.

마치며

아이를 낳고 키우는 행위보다 더 인간적이고 창조적인 활동을 저는 달리 알지 못합니다.

아동정신과 의사로서의 긴 세월은 저를 매우 행복하게 해 주었습니다. 아이들의 발달 과정에 동행하며, 성장을 배웅하던 날마다, 아이들은 언제나 저에게 훌륭한 가르침을 주었습니다. 제게 많은 것을 가르쳐 준 많은 아이들에게 진심으로 감사합니다.

아이의 말을 충분히 들어주세요.

아이가 바라는 것을 아낌없이 주세요.

그것만으로 아이의 마음은 자랍니다.
아이들의 마음을 풍요롭게, 크게, 따뜻하게 키워주는 것이 아이들의 미래를 키우는 것입니다.
아이들을 부드럽고, 소중하게 키우는 것을 잊지 마세요

이 책은 화가 오카다 치아키 씨, 장정가 니시무라 마키코 씨, 카와데쇼보신샤 편집부 치미 아사 씨, 라이터 오바타 메구미 씨의 큰 격려와 협력으로 이루어졌음에 글로나마 감사드립니다.

2016년 6월
사사키 마사미

우리 아이 마음
키우는 법

초판 1쇄 발행 2020년 06월 17일

지은이 | 사사키 마사미
옮긴이 | 서희경
편집장 | 김민정
제 작 | 김혜영
기 획 | 서아만
마케팅 | 김형석

펴낸곳 | 시사문화사
펴낸이 | 김성민
등록 | 1978년 4월 21일 제2-124호
전화 | 02-716-5465
팩스 | 0303-3446-5000
주소 | 서울시 마포구 토정로 222(신수동) 한국출판콘텐츠센터 422호
이메일 | sisa-identity@naver.com

한국어출판권 ⓒ 2020, 시사문화사
ISBN 978-89-7323-389-2 13590

- 이 책은 저작권법에 따라 보호 받는 저작물이므로 무단 전재와 복제를 금지하며, 이 책 내용의 전부 또는 일부를 이용하려면 반드시 저작권자와 시사문화사의 서면 동의를 받아야 합니다.
- 파손된 책은 구입하신 서점에서 교환해 드립니다.
- 이 도서의 국립중앙도서관 출판예정도서목록(CIP)은 서지정보유통지원시스템 홈페이지(http://seoji.nl.go.kr)와 국가자료공동목록시스템(http://www.nl.go.kr/kolisnet)에서 이용하실 수 있습니다. (CIP제어번호: CIP2020004697)